超惠游
柬埔寨

藏羚羊旅行指南编辑部 编著

班迭棉吉省 贡开 菩萨省
马德望省 柏威夏省 茶胶省
贡布省 白马省 吴哥 戈公省
桔井省 暹粒 金边 磅同省
西哈努克市 磅湛省
腊塔纳基里省
蒙多基里省
波萝勉省

0元景区 玩玩玩
打折机票 抢抢抢
便宜酒店 住住住
健康美食 吃吃吃
超惠购物 买买买

北京出版集团公司
北京出版社

图书在版编目（CIP）数据

柬埔寨 / 藏羚羊旅行指南编辑部编著. — 北京：北京出版社，2017.8
  （超惠游）
  ISBN 978-7-200-13100-0

Ⅰ. ①柬… Ⅱ. ①藏… Ⅲ. ①旅游指南 — 柬埔寨 Ⅳ. ①K933.59

中国版本图书馆CIP数据核字（2017）第140673号

策划编辑：杨薪誉
责任编辑：黄雯雯
执行编辑：王若凡 由蕾
责任印制：魏鹏
投稿邮箱：emma.yang@bpgmairdumont.com

超惠游
柬埔寨
JIANPUZHAI
藏羚羊旅行指南编辑部　编著

出　　版：	北京出版集团公司
	北京出版社
地　　址：	北京北三环中路6号
邮　　编：	100120
网　　址：	www.bph.com.cn
总 发 行：	北京出版集团公司
经　　销：	新华书店
版 印 次：	2017年8月第1版第1次印刷
印　　刷：	三河市庆怀印装有限公司
开　　本：	710毫米×1000毫米　1/16
印　　张：	14
字　　数：	260千字
书　　号：	ISBN 978-7-200-13100-0
定　　价：	49.80元

如有印装质量问题，由本社负责调换
质量监督电话：010-58572393

柬埔寨 目录

省钱小妙招 ·· 6
  打折机票如何买 ································· 6
  便宜酒店如何订 ································· 7
  打折商品如何购 ································· 8
  免费景点尽情逛 ································· 9
  当地美食如何选 ································· 9

我的旅行计划 ····································· 12
  签证 ·· 12
  货币 ·· 14
  旅行季节 ·· 14
  如何打电话 ····································· 15
  柬埔寨旅行注意事项 ··························· 17

柬埔寨交通 ······································· 20
  航空 ·· 20
  铁路 ·· 22
  公路 ·· 23
  水运 ·· 28
  区内交通 ·· 29

柬埔寨好好玩 ····································· 35
  金边 ·· 36
   金边皇宫 ······································ 37
   国家博物馆 ···································· 43
   乌那隆寺 免费 ································ 44
   沃翁 免费 ···································· 45
   独立纪念碑 免费 ······························ 46
   基里隆公园 ···································· 47
  暹粒 ·· 48
   洞里萨湖 ······································ 49
   水上村庄：空尼 免费 ························· 52
   暹粒普列托尔鸟类保护区和生物圈 ············ 53
   Ang Trapeng Thmor 鸟类保护区 免费 ········ 53

3

目录

吴哥 ················· 54
  吴哥窟 ················· 58
  吴哥王城 ················· 76
  吴哥王城周边 ················· 84

西哈努克市 ················· 106
  欧特斯海滩 免费 ················· 107
  胜利海滩 免费 ················· 110
  索卡海滩 免费 ················· 111
  奥彻蒂尔海滩和赛兰迪皮提海滩 免费 ················· 112
  科保柴瀑布 免费 ················· 113
  钓鱼港 免费 ················· 113
  瓜隆岛 免费 ················· 113
  空戎岛和空戎鲑鱼岛 免费 ················· 114
  利阿国家公园 ················· 114

戈公省 ················· 118
  塔太瀑布 免费 ················· 119
  Koh Poi 瀑布 免费 ················· 119
  Chheang Peal Rong 瀑布 免费 ················· 119

贡布省 ················· 122
  Tek Chhouu 瀑布 免费 ················· 123
  贡布山洞 免费 ················· 123
  波哥山国家天然公园 免费 ················· 124
  波哥山避暑地 免费 ················· 125
  Popok Vil 瀑布 免费 ················· 127

白马省 ················· 128
  空东萨岛 免费 ················· 129
  白马国家公园 免费 ················· 132
  白马沙滩 免费 ················· 133

茶胶省 ················· 134
  吴哥保苓 免费 ················· 135
  巴戎山 免费 ················· 137

马德望省 ················· 138
  马德望博物馆 ················· 139
  沃耶农寺 ················· 140
  沃农沙帕 免费 ················· 141
  沃巴南 免费 ················· 142
  Kamping Poy 免费 ················· 143
  斯能 免费 ················· 143

菩萨省 ················· 146
  空邦龙 免费 ················· 147

班迭棉吉省 ················· 150
  班迭奇马 免费 ················· 151
  班迭峰 免费 ················· 152
  波贝 免费 ················· 153

柏威夏省 ················· 154
  圣剑寺 免费 ················· 155

贡开 ················· 158
  柏威夏寺 ················· 159

磅同省 ················· 160
  三波坡雷古 免费 ················· 161
  索塔山 免费 ················· 161
  巴赛库诺哥 免费 ················· 161

波萝勉省 ················· 162
  巴贡 免费 ················· 163

磅湛省 ················· 166
  安哥寺 免费 ················· 167
  空帕恩 免费 ················· 168
  男人山和女人山 免费 ················· 169
  Wat Hanchey 免费 ················· 170
  Prasat Kuk Yeay Hom 免费 ················· 171

桔井省 ················· 174
  Phnomsombok 免费 ················· 175
  松博 免费 ················· 175

腊塔纳基里省 ················· 176
  波依龙 免费 ················· 177
  腊塔纳基里省瀑布 免费 ················· 179
  维罗杰国家公园 免费 ················· 179

蒙多基里省 ················· 182
  莫隆诺瀑布 免费 ················· 183
  布萨瀑布 免费 ················· 183

柬埔寨吃住购 ················· **187**
  好好吃 ················· 188
  舒服住 ················· 198
  买买买 ················· 208

你应该知道的柬埔寨 ················· **211**

超惠游 柬埔寨

省钱小妙招

打折机票如何买

柬埔寨在金边、暹粒和西哈努克市有国际机场。柬埔寨主要航空公司有金边皇家航空公司、总统航空公司、暹粒航空公司，开辟有金边至广州、上海、胡志明市、万象、吉隆坡、新加坡等地区的国际航线。国外航空公司在柬埔寨开辟了金边至曼谷、胡志明市、中国香港、普吉、新加坡、万象，暹粒至曼谷等航线。在中国国内，上海、广州、香港、武汉、成都都有飞机直抵金边或者暹粒。

柬埔寨国内航班往返于金边、暹粒和腊塔纳基里省之间。

省钱小助手

以前从柬埔寨的两个国际机场离境，需缴纳25美元/人的离境税。自2011年4月1日起离境税已并入机票内一起计算，机票上会有Passenger Service Fee字样，不需要另外在机场柜台缴纳柬埔寨的机场离境税。

便宜酒店如何订

柬埔寨的旅馆能达到国际水平的并不多，主要集中在首都金边。旅馆一般分为两大类，一是酒店（Hotel），即宾馆、饭店，以标准间为主，价格在15～80美元；二是家庭旅馆（Guest House），即招待所，价格为1～5美元。

金边的旅馆主要集中在中央市场和河边一带，购物、娱乐都比较方便。宾馆的价格不仅与其星级有关，而且还与其位置、服务等有关。面朝河的房间不仅可以看到河对岸的半岛，还可以观赏日出。

金边旅馆房间的价格大致为：二星级标准间为15～25美元/天，单人间10～15美元/天；三星级标准间为25～35美元/天；四星级及以上的标准间35～50美元/天，加床需另收费10美元。

西哈努克市区离海滩3千米，市内及周边有不少旅馆和招待所，比面海的宾馆便宜。从市中心往海滨去的路上就有很多漂亮的庭园式的旅馆。

暹粒已经是十分成熟的旅游区，旅馆的档次与数量都比金边强。暹粒从南到北有两条主街，均在河西岸。紧靠西岸的马路有邮局、皇家别墅、市场和几家价格为30～80美元的高级宾馆。而往西靠里的一条街就布满了各式招待所和中低档的旅馆，价格为10～25美元。

缤客

全球知名的酒店预订网站之一，酒店设备齐全，折扣力度大。

 www.booking.com

雅高达

著名的酒店预订网站，优惠幅度非常大。

 www.agoda.com

TIPS

由于柬埔寨气温高，宾馆的房间几乎都有空调，价格便宜的招待所也配有电风扇。招待所一般设有公共浴室和公共卫生间。

打折商品如何购

从柬埔寨旅游归来的中国人都会说那里的物价便宜。在柬埔寨丰俭由己,每天花10美元算是低档消费,而20美元就基本上能将美景尽收眼底。中等预算的游客,吃得不错,玩得舒畅,住得舒适价廉,一天的消费在75～100美元。如果预算在每天200美元以上,那基本上就可以在柬埔寨过上较为奢侈的生活了。柬埔寨的物价低廉,如果要购买具有当地风情的纪念品,都不会花太多钱。

免费景点尽情逛

柬埔寨是非常适合穷游的地方，除了消费低之外，还有一个原因就是很多好玩的地方不收取门票，如寺庙、海滩等。但要注意，景区内虽然不收取门票，但一些娱乐活动需要付费，玩的时候需要看清楚如何计费。

当地美食如何选

享受美食的同时，也要注意尽量饮用瓶装的矿泉水，最好别喝自来水。避免食用街边餐馆或者农村地区的冰块，饮料用的冰块使用由酒店、旅馆提供的为好。

我的旅行计划

出发，准备好了吗？

签证

柬埔寨旅游电子签证

外交国际合作部已开始提供电子签证服务，可在线申请柬埔寨旅游签证，无须再通过柬埔寨大使馆。所要做的仅是完成在线申请表并用信用卡付款，通过电子邮件收到签证后，将它打印出来并在去柬埔寨旅游时随身携带。

电子签证可以在电子签证海关柜台进行办理，有 E-visa 布告牌提示。暹粒机场 02～08 柜台均可办理；金边机场 03～09 柜台均可办理。

基本信息

 00855-23224973

📧 cambodiaevisa@mfaic.gov.kh

付款及技术支持

📞 00855-15733333

📧 payment@mfaic.gov.kh

照片解疑

📧 photo@mfaic.gov.kh

照片上传要求：

1. 须为近期拍摄的白底证件照，JPEG、PNG 或 BMP 格式均可
2. 照片大小不得小于 1MB
3. 如果使用了不合规格的照片，申请会被拒绝

柬埔寨旅游签证

目前，柬埔寨王国在北京设有大使馆，在上海、广州、重庆、昆明、南宁、香港均设有总领事馆。柬埔寨驻华使、领馆一般只发旅游、商务签证，有效期 3 个月，停留期 1 个月。如果不会在网上申请电子签证的话，也可以选择到大使馆或领事馆申请办理。办理时间 3 天（不含邮寄时间），签发日起 3 个月内有效，停留期 30 天。

柬埔寨旅游签证所需材料

1. 签证申请表 1 份
2. 有效期 6 个月以上的护照原件
3. 两寸照片 2 张
4. 身份证复印件 1 份

5. 服务费（含签证费）：500元（含护照回邮费）；如需加急服务，另收250元加急费

柬埔寨落地签证

中国公民自第三国赴柬，可在柬埔寨国际口岸办理落地签证。

在金边的波成东国际机场也可以获得为期1个月的落地签证，费用是20美金。游客在柬埔寨办理落地签证尽管很方便，但一旦遭到拒签，则进退两难，所以建议游客还是在领事馆办理签证，或在官网申请了E-visa后再前往柬埔寨。

TIPS

进入柬埔寨电子签证申请官网，在首页可以选择多国语言浏览，但是进入右上角的申请页面后只能使用英语填写，一定要确保邮箱是正确无误的，因为最后电子版签证会发送到你所提供的邮箱里。须打印出两份，一份海关作为入境凭证，另一份作为离境凭证。黑白、彩色均可，在旅行过程中须随身携带。

如需旅行社代办，价格均在人民币500元左右，申请电子签证需要的英语水平不是很高，完全可以自己申请办理，美元付费约合人民币169元，新加坡元付费约合人民币241元。一般来说，在付款成功后，3个工作日后将出签，实际上只要第二天不是周末，1天时间就能出签。

TIPS

柬埔寨、泰国启用统一签证

泰国与柬埔寨单一签证协议正式开始生效，包括中国在内的35个国家和地区的公民可以凭单一签证进入柬埔寨和泰国。根据单一签证协议，这35个国家和地区的公民获得泰国或柬埔寨任意一国签证，便可在两国各逗留60天。除中国大陆外，享受这项政策的国家和地区还包括美国、日本、英国、澳大利亚等国家以及中国香港等地区。

货币

柬埔寨的货币名称是瑞尔（Riel）。

现行的货币面值有 100、200、500、1 000、2 000、5 000、10 000、20 000、50 000、100 000 瑞尔 10 种，但 20 000 瑞尔以上的货币极少见，硬币几乎不使用。

全国通用货币以美元为主，泰铢也可使用，反而柬埔寨本身的货币瑞尔却在 1 美元以下找零时才会用到。在柬埔寨，美金是流通货币，须多准备面值 1、5、10、20、50 元的美元。目前，美元和柬埔寨瑞尔的兑换率是 1 美元 =4 028.53 瑞尔（2017 年 6 月汇率），但是在当地实际消费中，基本实行的是 1 美元 =4 000 瑞尔。

各大城市都有货币兑换事务所，银行及大多数酒店、旅馆也有此类服务。旅行支票在酒店、旅馆也很通用，但是，主要城市以外的地方兑换起来则比较困难。

银行卡

当地信用卡使用范围有限，多数时候都需要使用现金。多数银行只能用 VISA 和 MASTER 卡取现，也有的银行可以使用银联卡取现，但所有 ATM 都是只出美金。

柬埔寨目前主要有两个收单银行——加华银行（Candia Bank）和柬埔寨亚洲银行（CAB）。在柬埔寨境内加华银行的 ATM 机可使用银联卡提取美元现金，这些 ATM 机主要分布在柬埔寨首都金边和著名的吴哥窟所在城市暹粒。境外使用银联卡在 ATM 机上取款，银联借记卡单卡每日累计取款不超过 1 万元人民币的等值外币。

旅行季节

柬埔寨的年平均气温在 24℃左右，早晚温差不大，一般穿一件 T 恤衫即可，如在室外步行建议穿长袖，以免晒伤皮肤。5—10 月是雨季，每天几乎都会下雨，多为阵雨。在著名的吴哥窟周围是茂密的丛林，护城河里也充满了水。每年 11 月至次年 4 月是旱季，雨水较少，这段时间为旅游的旺季。

每年一度的节日也会吸引很多游客前来，柬埔寨最热闹的节日当数十一月初节、金边泼水节以及柬埔寨的新年。

柬埔寨的气候与越南南方很相似，舒适轻便的服饰是去柬埔寨旅行最合适的衣着。轻便雨衣也是多雨季节中的一个好选择。

如何打电话

中国移动全球通手机可以自动漫游。拨打中国国内：3.96 美元 ×115%/ 分钟；拨打当地：0.418 美元 ×115%/ 分钟；接听中国国内电话人民币 8 元 / 分钟；接听当地电话免费。金边的长途电话多为 IP 电话，打回中国的价格最低为 0.075 美元 / 分钟。可接收短信息。在许多酒店、旅馆房间都有 IDD 国际电话设备，游客可以从酒店、旅馆寄发传真。邮电亭这类服务也很广泛，但费用不菲。明信片可在邮电亭随时买到，一些酒店、旅馆也有提供。

中国移动的 SIM 卡可以在柬埔寨使用，但是必须事先开通国际漫游服务。

中国的手机也能使用柬埔寨当地的 SIM 卡——MobiTel 的 012 卡。可以到柬埔寨的营业厅去办理一张 SIM 卡（但须持有当地人的身份证），然后再进行充值。

用当地卡拨打中国电话：16686+ 国内区号（第一位的 0 省去不拨）+ 电话号码，0.15 美元 / 分钟。拨打当地电话：直接拨打柬埔寨电话，人民币 0.5 ~ 0.6 元 / 分钟。

还可以在邮局、电信办事处或者政府电信网络 Camintel 拨打国际长途电话。同时在金边街道两旁有很多公用电话亭，从电话亭旁边的商店购买电话卡，相应的电话卡只能在相应的电话亭中使用，但 Tele2 电话卡通过拨接入码（T）007 便可以从任何一间电话亭拨打国际长途电话，每分钟 3 美元。用电话卡拨打国际长途电话费用很高，因此可以留心一下一些网吧、宾馆及旅行社提供的网络电话服务，每分钟仅收费 0.075 ~ 0.5 美元。

柬埔寨拨中国国内座机
0086+ 区号（第一位的 0 省去不拨）+ 电话号码

柬埔寨拨中国国内手机
0086+ 手机号码

中国国内拨柬埔寨座机
00855+ 区号（第一位的 0 省去不拨）+ 电话号码

中国国内拨柬埔寨手机
00855+ 手机号码（第一位的 0 省去不拨）

柬埔寨的通信行业还是不错的，比起国内，打电话、上网都便宜很多。建议去当地的 Beeline、Metfone、Cellcard 等通信服务提供商处选择适合自己的套餐。

政府电讯网络 Camintel 官网
www.camintel.com

省钱小助手

柬埔寨有很多网吧，价格每小时 0.5 ~ 1 美元。相对于市中心区域的大网吧，市内街道上的小网吧费用更便宜，尤其是打互联网国际长途会节约不少钱。客栈通常也会提供上网服务，在背包客集中的地方有几家网吧。豪华宾馆里的商业中心上网收费非常高。

我的旅行计划 ·签证 ·货币 ·旅行季节 ·如何打电话 ·柬埔寨旅行注意事项

柬埔寨旅行注意事项

　　护照、电子签证、信用卡是旅行时必备的物品，在出发前一定要仔细检查。此外，需要携带足够的美元现金，美元是当地的流通货币，不用特别兑换成柬埔寨瑞尔。

　　去海滨城市或者海岛旅行，需要携带太阳镜、舒适的衣裤、凉鞋等，并且非常有必要带上防晒系数足够的防晒霜。数码产品中的充电器、电池、存储卡、数据线以及相关产品要准备齐全。适量的药品和驱蚊虫药水更是非常重要。

柬埔寨交通

出发，准备好了吗？

 航空

金边
金边国际机场

金边国际机场位于金边西南郊区 8 千米处，航班可飞往马德望、暹粒、磅清扬等城市，也可飞往世界各地。中国南方航空公司和上海航空公司有飞往金边的航班。

从机场到市内

金边国际机场距离市中心 7 千米。车程约 30 分钟。从机场到市中心，乘坐出租车单程约 7 美元，摩托车通常 2 美元。从市中心到机场，乘坐出租车费不超过 5 美元，摩托车只需要 1～1.5 美元。

暹粒

暹粒有直飞泰国曼谷、老挝琅勃拉邦和万象、越南胡志明市、马来西亚吉隆坡以及新加坡等地的国际航班。暹粒和金边的国内航班由暹粒航空公司、金边皇家航空公司和总统航空公司在经营。

金边和暹粒之间有来往的飞机,飞行时间45分钟,相对方便,但费用高。在柬埔寨吴哥航空官网上预订,不时会有折扣,往返票促销活动比较少,需密切留意,金边—暹粒单程票价格约600元人民币。接受VISA或MASTER信用卡网上付款,付款成功以后,账户会被扣除1美元跨境信用卡手续费。

从机场到市内

暹粒中心距机场7千米,如果预订宾馆房间,会有免费班车接站。机场外的正式出租车费用为5美元。乘坐摩托车去市中心只需1.5美元。

柬埔寨吴哥航空 Cambodia Angkor Air
🌐 www.cambo-diaangkorair.com

吴哥
暹粒—吴哥国际机场
Angkor International Airport

机场位于柬埔寨暹粒市西北,离市中心7千米,离著名的吴哥窟5千米。暹粒—吴哥国际机场是柬埔寨的第二大机场,可以直飞或由金边转机,抵达暹粒后再换其他交通方式游览吴哥。

西哈努克市

西哈努克国际机场距市中心12千米,从国内有飞往该机场的航班。

腊塔纳基里省

每周有几次航班直通金边,但是时间并不能完全确定。单程费用为60美元,往返为110美元。

铁路

金边

柬埔寨仅有的两条铁路会合于金边。金边到马德望的铁路经过干丹省、磅士卑省、磅清扬省、菩萨省和马德望省,到达柬埔寨第二大城市马德望,再向北延伸,经诗梳风到柬泰边境重镇波贝,与泰国境内的铁路相连,可通往泰国首都曼谷。金边到西哈努克市铁路经过干丹省、磅士卑省、茶胶省和贡布省,通往柬埔寨最大海港城市西哈努克市。

白马省

从贡布到白马有火车相通,但班次极少,每天只有一趟车,速度也极慢。不过,从金边可以乘火车到白马,在 Damnak Chang Aeu 下车,搭乘摩托车进入白马。

马德望省

从这里去往金边的铁路长 274 千米,但却需要耗时 14 小时以上。不建议选择铁路出行,但距离近的话可以考虑搭乘,沿途看看风景。

班迭棉吉省

这里有开往马德望的火车,当然也很慢,车程约 4 小时。每天 13:00 之后发车。

柬埔寨交通 ·航空 ·铁路 ·公路 ·水运 ·区内交通

公路

金边
金边的公路四通八达，有7条国家公路通向全国各地及周围邻国。

1号公路
由金边莫尼旺大桥跨过巴沙河，沿湄公河右岸至乃良渡口，轮渡过湄公河，经过柴桢，到柬越边境城镇巴韦，与越南境内的公路相接，可通往胡志明市和河内，是柬越之间的重要通道。

2号公路
由金边经茶胶到柬越边界的普农登，与越南的公路相连。

3号公路
由金边经贡布通往柬埔寨的军港云壤。

4号公路
这是一条重要的战略公路，由金边经磅士卑到西哈努克市。

5号公路
由金边经磅清扬、菩萨和马德望到柬泰边界的波贝，与泰国的公路相接，是沟通柬泰两国的主要干线。从金边通过洞里萨河上的柬日友谊大桥（水净华大桥）便是6A号公路，与6号公路相接，经过磅同和举世闻名的吴哥古迹所在地暹粒，到马德望省的诗梳风与5号公路会合。

6号、7号公路
沿6号公路到磅湛省的斯昆，转向7号公路，在磅湛通过最近日本援助建成的跨湄公河大桥，经过柬埔寨最重要的橡胶园苏翁、朱普、克列、棉末，到桔井省的斯努与柬埔寨、越南、老挝之间的交通要道13号公路相连。

长途汽车
长途汽车站位于中央市场的东北方，对面是加油站，有多辆大巴车停泊。这里有去柬埔寨大多省市及周边国家的班车，如暹粒、磅清扬、乌栋、西哈努克市、磅湛，还有到越南胡志明市的班车。

23

暹粒

往返金边和暹粒之间乘坐大巴相对好些，虽然路上要6个小时，但每隔2小时会停车半小时休息。经营这条线路的巴士公司不少，最贵的是湄公快线（Mekong Express），通常为12美元左右；中等价位的有首都（Capital）、吴哥快线（Angkor Express）等，价格约7美元，比较整洁，空调强劲，管理也比较好，性价比较高。

吴哥

吴哥窟是吴哥古迹中离暹粒市中心最近的。在吴哥窟北2千米处是吴哥王朝最后的国都大吴哥（Angkor Thom），巴云寺、空中宫殿、巴芳寺和巴肯寺也都在此城中。吴哥窟西北3千米处有巴肯寺，东北4千米处有豆蔻寺、塔高寺等古迹。因此游览吴哥的交通方式有多种选择，因为吴哥的景点之间都不过几千米的路程，乘汽车、骑摩托车或骑自行车抑或徒步都不困难。

西哈努克市

4号国家公路连接西哈努克市和金边。乘坐公共汽车车程4小时，车费约3美元。首末班车发车时间分别为7:00和13:30。西哈努克市的长途汽车站离海滩尚有一定距离，因此，下车后还需要转乘摩托车才能抵达海滩，车费0.5美元。

如果选择出租车出行，在金边的Dang Kor市场或新市场附近都有出租车去西哈努克市。一般情况下租车的费用大约为20美元。如果能跟人一起合租当然更好。从西哈努克市到贡布105千米，约2小时车程，车费在2美元左右。也可以从出租车停车场出发，13美元可以租到去往贡布的车。

戈公省

戈公每天有通往金边和西哈努克市的旅游巴士，大约在9:00发车，票价10美元。从这里开往西哈努克市的快船每天8:00开船，票价20美元，行程4小时左右。

贡布省

贡布距离金边 148 千米，3 号国家公路直通两地，行程约 2 小时。乘出租车每人约 2.5 美元，中巴车的票价约 1.5 美元，长途公共汽车约 2.5 美元。

从贡布到西哈努克市全程 105 千米，可以租车或搭乘中巴车。

从贡布到茶胶没有直接相通的公路。乘坐摩托车行驶 13 千米可到达茶胶，费用约 1 美元。

乘火车并不是明智的选择，因为时间较长。从贡布到金边的票价约 1.9 美元，到西哈努克市是 1.2 美元，虽路程不远却需要耗时 6 小时。

白马省

白马距离贡布 24 千米，距离金边 49 千米，距离离越南最近的城市 172 千米。

从贡布可以乘摩托车，每天最低收费 6 美元。乘出租车每天约需 20 美元。

Hour Lean 每天分别从金边和白马发车，车程 5 小时左右，票价 2.5 美元。

茶胶省

茶胶位于 NH2 公路边，只有 Phnom Penh Sorya 公司在运营茶胶至金边的公共汽车，每天 4 班，票价 2.5 美元，车程约 2 小时 15 分。金边的上车点是位于金边市中心的中央市场，茶胶的上车点是在铁棉市场（Psar Thmei）前面。

如果没有赶上公共汽车，只能合租出租车前往金边，包车 25 美元，一个座位 3.75 美元，也是从铁棉市场离开，下午客人比较少，建议包车。

马德望省

从这里通往金边的公路长达 293 千米，是柬埔寨最好的旅游公路和高级公路的典范。全程只需要 4—5 小时。公共汽车早上 6:30 发车，费用 3 美元。选择 Mekong Express 会使行程更舒适，票价是 4.5 美元，有空调，定点发车。河边的 Nat 市场东边的售票点出售所有汽车公司的车票。

马德望距离诗梳风 68 千米，距离波贝 117 千米，最好乘坐出租车，每位 1.5 美元。

菩萨省

　　这里有班车开往金边，行程 188 千米，车程约 3 小时，票价 2 美元。开往马德望约 105 千米，车程一个半小时左右，票价 1.5 美元。

班迭棉吉省

　　暹粒到这里的公路路况时好时坏，合租出租车费用约 2.5 美元，车程 2 小时左右。合租出租车从诗梳风可以去波贝，车费约 1.25 美元。去马德望的车费约 1.5 美元，车程约一个半小时。

柏威夏省

　　特崩棉则位于磅同北面 155 千米处，走 NH64 公路需 4—5 小时的车程。最便宜的方式是乘当地的货车，1.75 ~ 3.75 美元就可以解决问题。要是想舒服点最好合租出租车，大约 5 美元。路况很差，要做好心理准备再上路。

贡开

　　从奔密列到此的公路收费 10 美元，行程在 2 个小时之内。从暹粒到贡开 146 千米，一天之内可以到达。

　　从特崩棉则过来，可以经过一个有趣的村庄——Sayong 村。从这个村子到贡开，乘摩托车 8 ~ 10 美元。

磅同省

　　磅同位于金边以北 165 千米、暹粒西南 150 千米处，公路状况之好在柬埔寨境内实属难得。合租出租车去金边费用约 10 000 瑞尔，车程在 2 小时左右。去暹粒的费用约 3 美元。

　　向北去往柏威夏古塔方向的特崩棉则，通常只能搭乘货车。偶尔能合租到出租车前往，费用在 5 美元左右。

波萝勉省

该省东北部的公路交通情况比较乐观，特别是在旱季。1号公路穿过波萝勉省，连接金边和越南的胡志明市，是柬埔寨最繁忙的公路之一。

磅湛省

磅湛在金边东北120千米处，金边公共汽车和GST运营公司的班车每小时会有一辆往返。空调车的车费是1.75美元；小型公共汽车的费用是1.25美元；合租出租车速度最快，费用则在2.5美元左右。

桔井省

桔井位于金边东北348千米处，在上丁以南141千米处，能过NH7公路连接。PPPT和Hour Lean运营公司经营着开往金边的班车，每天7:30发车，车费4.5美元，行程约6小时。如合租出租车去金边每人6.25美元，去磅湛每人3.75美元。

> ### 省钱小助手
> 摩托车是旱季到这里旅行时最具个性的交通工具，可以自由穿行在湄公河沿岸的观光路线上。多数的旅馆可以安排摩托车，配备司机的收费6～10美元，只租用摩托车的费用是5美元。

腊塔纳基里省

从隆发到金边有公路通达，但行程需要差不多两天的时间。到上丁之间的公路很差，尤其是雨季会成为令人头疼的行程，合租出租车前往大约需要4个半小时，费用在7.5美元左右。隆发到桔井之间有汽车，但行程却需要11个小时左右，费用是12.5美元。

隆发和森莫诺隆之间的旅程需要两天的时间，中间需要在Koh Nhek过夜。在多数的旅馆都可以租到摩托车、越野车和拉散客的车。有出租车的停车场也可以找到便车和越野车，但是需要点讨价还价的本事。

蒙多基里省

目前到森莫诺隆主要还是陆路，曾经有过的航班已无限期停运了。

旱季的时候，每天至少会有一班从金边开往森莫诺隆拉散客的车，坐在车内、车外价格不等，是5～10美元，车程8小时左右，6:00之后出发。

从磅湛出发，通常需要先经过1个半小时到达斯努，然后从这里再乘去往森莫诺隆的拉散客的车，车程3小时。

在桔井，清晨有直达森莫诺隆的拉散客的车，坐在车内、车外的价格分别是7.5美元和5美元。

金边

金边是一个内河港口,3 000～4 000 吨海轮从金边沿湄公河顺流而下,可经越南南方直接驶入中国南海;雨季,从金边溯湄公河而上,4 000 吨轮船能到磅湛、桔井,200 吨轮船可达柬埔寨东北重镇上丁;通过洞里萨河,可进入中南半岛第一大湖——柬埔寨的洞里萨湖。

暹粒

每天都有往返于金边和暹粒(18～25 美元,航程 5—6 小时),暹粒和马德望(15 美元,航程 3—8 小时)的船只。去往金边乘船和乘车速度差不多,但船票价格却是车票的 5 倍。

船从暹粒以南 11 千米、靠近荣寺的水上村庄空尼离岸,每年在不同时间码头的位置都会发生变化。在宾馆买的船票通常包括乘摩托车或中巴车去往港口的费用。如果乘坐摩托车或中巴车去往港口,费用约为 1 美元,搭乘出租车约需 5 美元。

西哈努克市

每天中午都有从西哈努克市开往戈公的船,收费约为 15 美元。

马德望省

既然是在河边,那船就是最便捷的交通方式。Sangker 河上有快船往来于马德望和暹粒之间,而这一程要经过受保护的湿地和窄湾,人们认为这里是柬埔寨最美的景观之一。每年的 8 月至次年 1 月,水位高涨,可以行驶快艇,航程 3—8 小时,票价 15 美元左右。每年 2—6 月,水位很低,只能乘坐 6 人的快船。建议乘坐小船,以免给当地人的生活造成影响。

波萝勉省

若在雨季,当地的公路路况会很不稳定,所以在湄公河上泛舟而行,是不错的选择。

桔井省

快艇可以从桔井直达到磅湛,行程 3 小时,费用 3 美元。

区内交通

金边

公共汽车
金边没有公共汽车。市内交通基本上是靠摩托车和三轮车。

自行车
绝大多数客栈会提供自行车，每天的租金约1美元。

省钱小助手
以金边的交通状况，骑行游览不失为最佳选择。

三轮车
根据目的地的远近不同，价格为6～8美元。街上可以随时叫到三轮车。

摩的
金边的摩的很好辨认，因为司机都戴着棒球帽。短途收费约0.25美元，晚上的价格要高一些。在客栈门口等客的司机可以兼做导游，收费6～8美元。

出租车
这里没有打表的出租车，一般是每千米1美元。推荐Bailey's Taxis和Taxi Vantha两家出租车公司。

Bailey's Taxis
 00855-12890000

Taxi Vantha
 00855-12855000

TIPS
金边的旅行社、客栈和宾馆多有汽车出租，轿车20美元起，越野车50美元起。长途费用将有所增加。金边城内有许多摩托车租赁。排量100CC的本田摩托车每天租金3～4美元，一周20美元。排量250CC的越野摩托车每天的租金约7美元，每周40美元。

柬埔寨交通 · 航空 · 铁路 · 公路 · 水运 · 区内交通

29

暹粒

自行车
城市很多客栈和一些商店都提供出租自行车服务，通常每天的费用在 1~2 美元。

汽车
多数旅馆都能提供租车服务，一般费用在 20~25 美元。

摩托车
暹粒不允许将摩托车出租给外国人，所以可以考虑从金边租车一路骑来。

摩的
每天的费用在 6~8 美元。市内短途车费平均在 0.25 美元。路程越远费用越高。

Remorque-moto
带篷的小摩托车，城市周边收费在 1 美元左右，若是去近郊地区则可能要收费 1.5 美元。要在上车之前将价格谈定。

TIPS

Remorque-moto 是暹粒独有的旅行车，就是在一辆摩托车后面拖着一个小车厢。不但能遮风避雨，更可以悠闲自在地观赏风景，而且司机也是最好的导游。价钱根据距离的远近而定，每天最低 10 美元。

吴哥

骑象
从 20 世纪初吴哥旅游刚刚兴起的时候开始，骑象游览吴哥的习俗一直保持到现在。清晨骑象往返吴哥王城南门和巴戎寺之间需要 10 美元。而花费 15 美元骑着大象攀登巴肯山可是一次极具探险精神的旅行体验。更多的人把骑着大象游吴哥的照片作为旅游纪念照最重要的一部分。这些大象归吴哥度假村集团所有，有兴趣的话可以浏览官网信息。

🌐 www.angkorvillage.com

自行车
极力推荐这种方式游览，前提是你可以很好地驾驭自行车，虽然路况不错，并不需要丰富的骑车经验，但起码得会骑。骑行参观吴哥可以更近距离接触它的古老和神秘。城里的许多客栈都提供自行车出租，每天 1~2 美元。

不过需要留意的是，记得把车停在有人看管的区域和寺庙外的车棚里，不然可能被偷。

White Bicycies
¥ 1~2 美元/天
🌐 www.thewhitebicyci-es.org

摩的

这是游客最喜欢选择的方式，因为多数摩的司机就是最好的导游，同时还会调配时间来安排游客的行程。摩的通常每天收费6美元。也可以自己租一辆摩托车在景区内游览，不过目前暹粒还没有这样的出租业务，有些人会从金边租车骑行过来。

三轮车

乘坐三轮车游吴哥是当地旅游项目之一，既有骑行的感觉又免除了烈日下的运动之累。

汽车

几个游客合租一辆车行走吴哥也是一个不错的选择，但速度和空间上的局限让游客不太可能贴近这座古城，或许在感受上没有走路或骑行那么亲近。参观主要景点，每辆车每天需要20～25美元。在城内的旅馆和代理处可以办理租车业务。越野车在景区内可能会显得有点儿夸张，但如果是到圣剑寺、贡开或是更远的景点，越野车却不失为好的选择，当然费用也会相对较贵，一天的租车费用在80美元以上。

客车

一辆12座的中型客车每天租金约40美元，25座或30座的客车每天大约80美元，这种方式比较适合团队游览。

西哈努克市
摩的

这里的摩的乱要价在柬埔寨是出了名的，所以要学会斗智斗勇，善于砍价。从旅游区到市场约需0.5美元，到索卡海滩大约0.75美元。从背包客聚集的气象站山到快船码头约需1美元。

自行车

市内的一些旅店提供租车服务，每天的租金为1～2美元。

马德望省
摩的

马德望不大，步行就可以完成参观。如乘坐摩的，通常短途0.25美元即可，根据路程的远近，白天的价格从6美元起。

自行车拖车

这里没有三轮车，只有自行车拖车，价格与摩的差不多。

柬埔寨好好玩

"哇！这就是柬埔寨！"

超惠游 柬埔寨

金边

湄公河、洞里萨河、巴沙河和前江，这四条河流在城东联结成 K 字形，西方文献称之为"四臂湾"，这便是柬埔寨首都金边。

金边，柬埔寨语称为普农奔（Phnom Penh），"普农"的意思是山，"奔"是一位妇女的名字。关于金边的起源，有这样一个传说：600 多年前，在四臂湾畔住着一位妇女，人们都叫她敦奔，就是"奔大妈"。她是一位虔诚的佛教徒。1372 年的一天，雷电交加，河水暴涨。待到雨过天晴，奔大妈到河边打水，看见一棵大戈基树在水面上盘旋。奔大妈招呼邻居，用绳索拴住大树，拖上河岸。奔大妈打水冲洗大树上的污泥时，发现树上有一个洞，里面有 4 尊铜铸佛像和 1 尊石神像。那尊石神像站立着，一手握大棒，一手执法螺，头上挽着发髻。

奔大妈和邻居们认为这是天赐之物，便将佛像和神像恭恭敬敬地迎回奔大妈家中，并盖了一座小棚，暂时供奉起来。接着，奔大妈号召邻居们抬土把她家西面的一座小山加高，把戈基树锯成柱子，在山顶建起一座寺庙，把 4 尊铜佛像供在庙里，把石神像供在东山脚下的一个座位上，并请僧侣来住在西山脚下。

这座寺庙，人们称为奔大妈山寺（瓦普农敦奔），现在被称为塔仔山（瓦普农）。奔大妈居住的村庄名为金边（普农奔），金边市就是在这个村庄的基础上发展起来的。今天的塔仔山上建有佛塔和寺庙，上山的入口处有两个石刻的七头蛇神及怪鸟、狮子、佛像等。这里是金边市的最高点，登上山巅可以俯瞰整个金边。

金边皇宫
(Royal Palace)

🏠 金边市洞里萨河边索罗亲王大道上，184~240街 🕐 8:00-11:30，14:00-17:00
💰 6.5美元（可拍照摄像）

金边皇宫也称四臂湾大王宫，因位于湄公河、洞里萨河、前江与巴沙河的交汇处而得名，是诺罗敦国王于1866年开始建造的。皇宫为长方形，长435米，宽402米，外有城墙。皇宫的建筑具有高棉传统建筑风格和宗教色彩，宫殿均有尖塔，代表繁荣；殿身涂以黄、白两色，黄色代表佛教，白色代表婆罗门教。皇宫最初为木质结构，后改建为水泥结构，但保持了原来的风貌。游客只被允许参观皇宫内的银殿和周边的院落。使用照相机收费2美元，摄像机5美元，但在银殿内部不允许拍摄。皇宫内的主要建筑有金銮殿、波佳尼阁和凯玛灵宫。

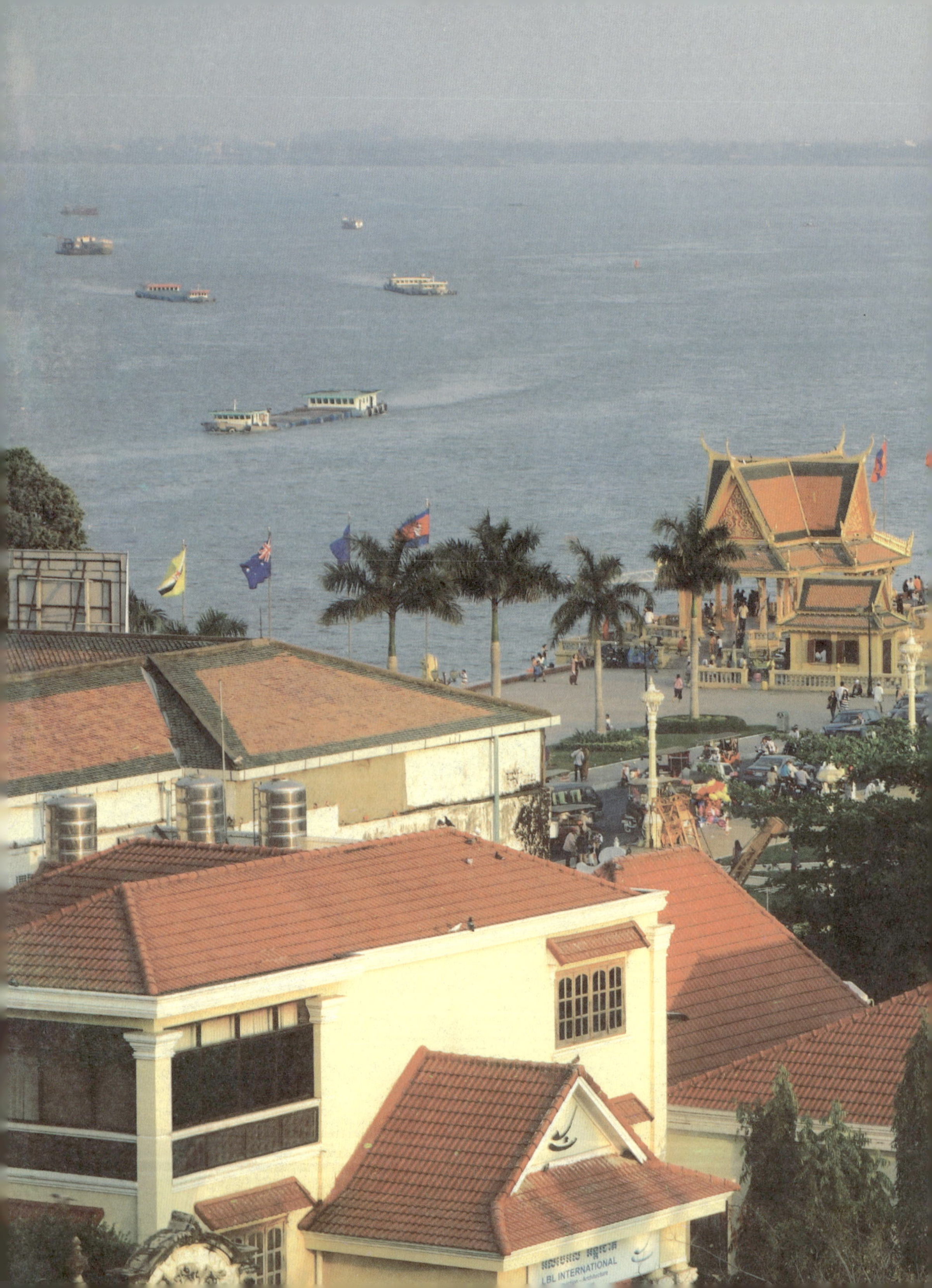
LBL INTERNATIONAL

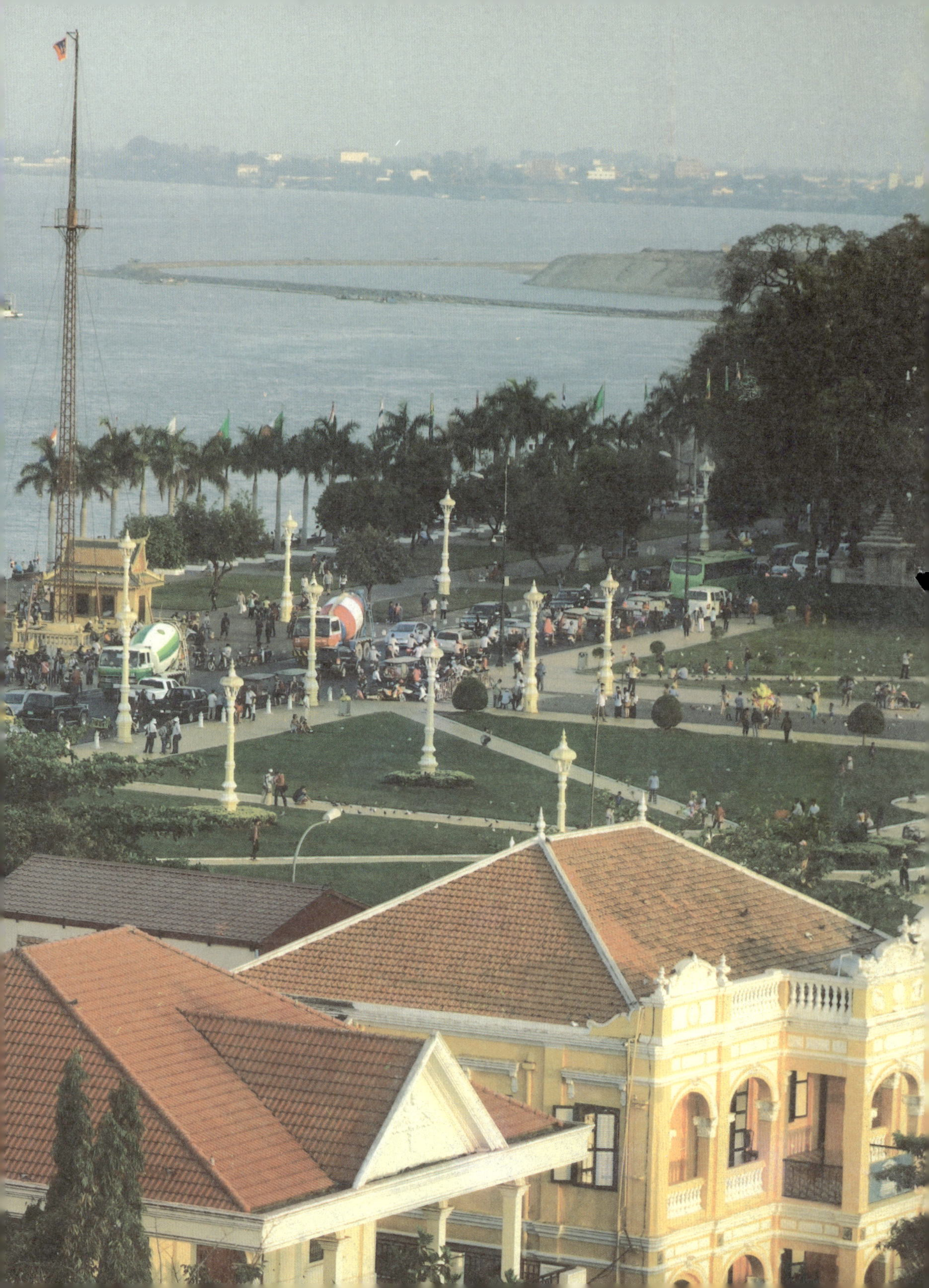

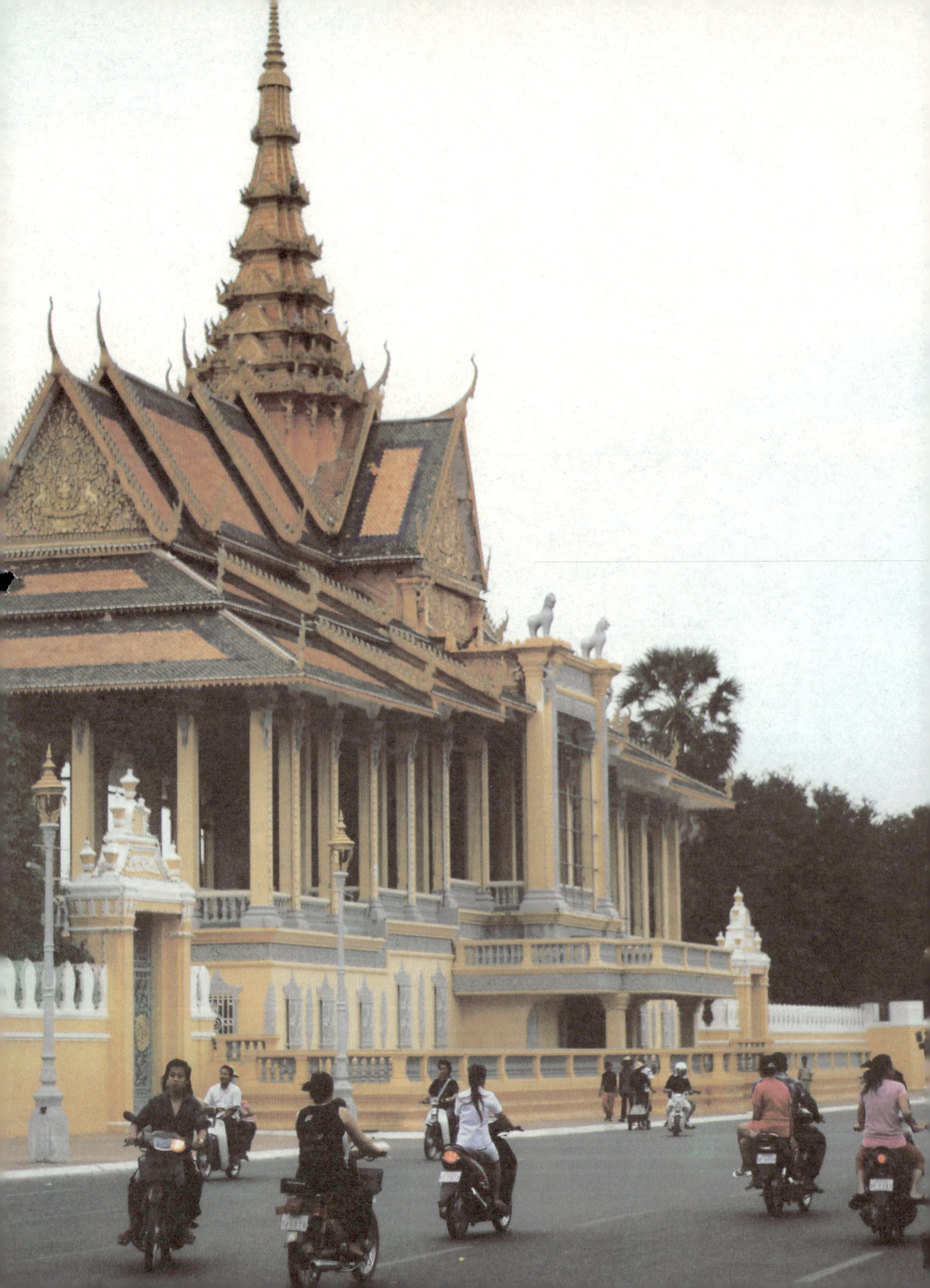

银殿（Silver Pagoda）

银殿位于王宫一侧，因地面铺有 5 000 块银砖而得名。通往银殿的台阶用意大利大理石铺就。殿内那尊据说是由绿石雕刻而成的绿度母佛像放置在镀金的祭台上。祭台前面站着一尊真人大小的佛像，佛像上嵌着 9 584 颗钻石，最重的一颗达 25 克拉。金质佛像的正前方有一个贴着银片的盒子，里面放着来自斯里兰卡的佛舍利。基座后方是一尊来自缅甸的大理石立像和一张国王在加冕时用过的床。这张金床看着不重，却要由 12 个人才能抬起。

银殿外围的雕塑等艺术品充分显示出高棉艺术的精湛。墙壁上的壁画从东门南侧开始，讲述了柬埔寨的守护神罗摩衍那的故事。围墙内侧回廊的墙壁上，绘有历代王朝功绩和宗教故事的壁画。这里还有一个钟鼓楼，用敲钟来表示开门和关门的时间。

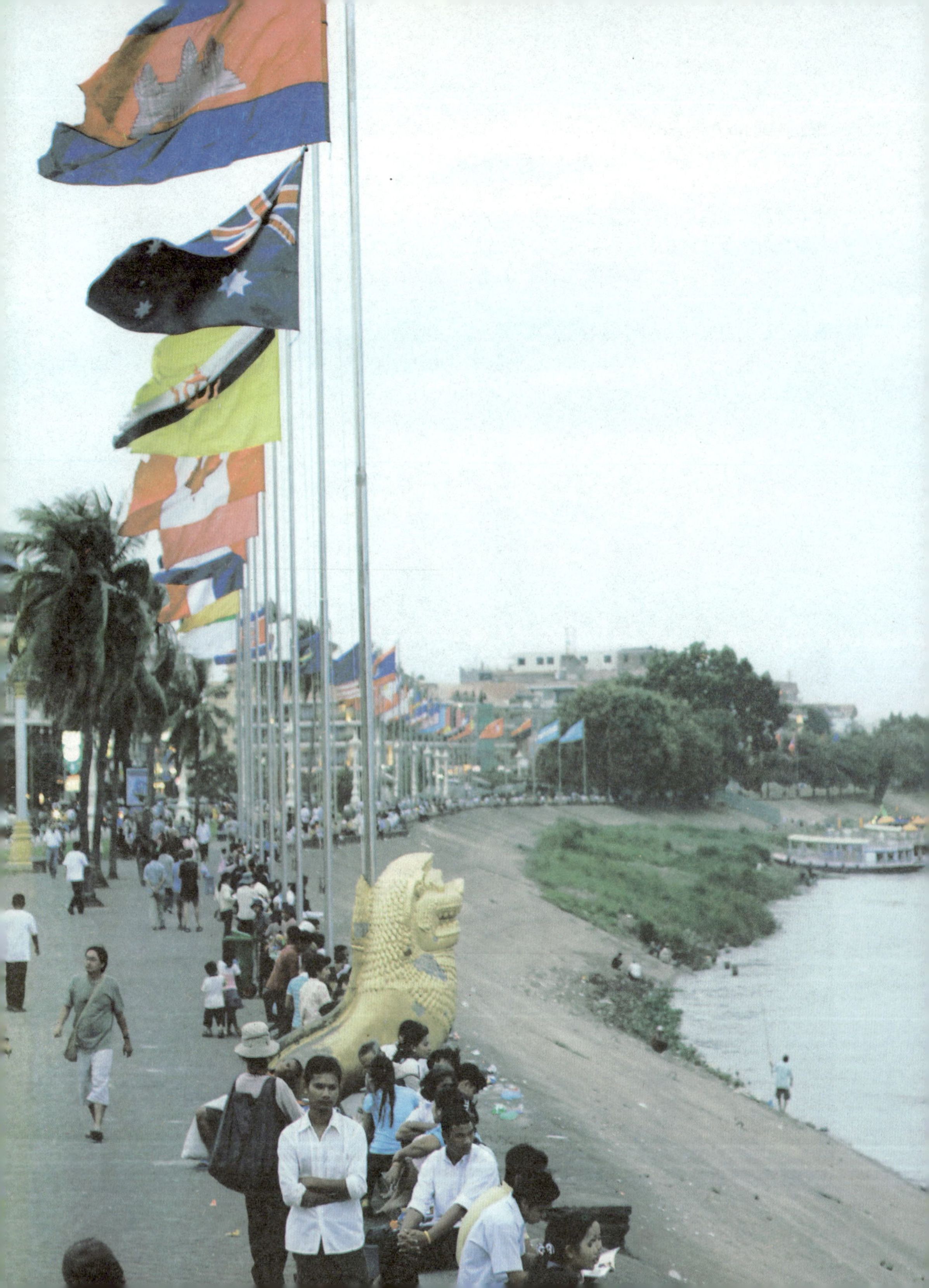

国家博物馆
(National Museum)

🏠 金边市区的东部，178街与13街交界处，金边皇宫北面 🕐 8:00-11:30，14:00-17:00；演出19:00开始 💰 门票5美元；演出15美元，12岁以下儿童6美元

国家博物馆建于1913年，目前馆内收藏有4—10世纪、吴哥王朝等时期的手工艺品及雕刻艺术品，以及数幅法国摄影师拍摄的吴哥照片。博物馆是开放式设计，十分美观，异域风情十足。最值得称赞的是中庭花园——一座安静美好的东南亚花园。花园中央建有一座小亭，供奉了一尊神像，周围有4个人造荷花池，以草坪及长凳相间，如一道道隔音墙，阻隔了馆外闹市的喧嚣，任凭游人静静游赏。

博物馆内禁止拍照，有英语和法语讲解员，最低收费2美元，还提供名为《国家博物馆新指南》的展品小册子。

皇家艺术大学的主楼在国家博物馆的主楼后面，晚上会有传统舞蹈的演出。周一、周四演出《巴塞儿童》(Children of Bassac)，带你重温高棉古国的四季变迁；周二、周五演出 Yike Opera: Mak Therng，演员身着孔雀羽翼的服装，载歌载舞，讲述了 Mak Therng 寻找真爱的旅程；周三、周六演出《人生走廊》(Passage of Life)，带你体验柬埔寨的生活艺术，从繁华的吴哥王朝，到优美的高棉音乐，体现了人的生老病死，对爱与真理的追寻和赞美。

43

乌那隆寺 免费

🏠 位于金边皇宫北面约 200 米处的洞里萨河边
🚌 从国家博物馆出来往北，沿 13 街继续往北走，到 154 街向右（东）转即到 🕗 8:00-11:30，14:00-17:30

金边有 6 座古佛寺和许多后来修建的佛寺，这些庄严肃穆的庙宇使金边成为柬埔寨的佛教中心。乌那隆寺是金边规模最大、最著名的寺院。它是柬埔寨佛教摩哈尼伽派僧王主持的。该寺建于 1443 年，至今已有 570 余年的历史。寺内有金边最大的佛塔，并有 5 座稍小的佛塔环绕四周。1890 年，当时的住持高僧从锡兰（今斯里兰卡）迎来佛祖释迦牟尼的一抔骨灰，并供奉于大佛塔内。后来，许多达官贵人也在此寺内修建骨灰塔，存放骨灰，逐渐在大佛塔周围形成林立的骨灰塔群。乌那隆寺的历届住持高僧为保存和发展高棉民族文化做出了积极的、不可磨灭的贡献。此外，波东瓦岱寺、兰卡寺（建于 1882 年）、岛寺、大官寺等，都是金边著名的寺庙。

沃翁 免费
（Wat Phnom）

🚌 位于金边市区的东北部、第96街与诺罗敦大道交界处，需乘摩的或骑自行车前往

　　沃翁也称为塔山（亦为塔仔山），这里是金边的发源地。相传古代一名叫奔的妇女拾到一尊因发大水而顺湄公河漂流至此的佛像，因而将其供奉在小山上，并在此修庙。后来这里逐渐发展成繁华的城镇，被命名为普农奔，意为奔夫人之山，当地华侨译为金边。据说这里的第一座佛塔是于1373年建造的。塔山高约百米，塔顶供有奔夫人之像，是金边的象征之一。

　　据说该地的神明非常灵验，现在依然有很多人到此祈求，许下的愿望实现后，许愿者会带着一束茉莉花或一串香蕉来还愿。

柬埔寨好好玩 · 金边 · 暹粒 · 吴哥 · 西哈努克市 · 戈公省 · 贡布省 · 白马省 · 茶胶省 · 马德望省 · 菩萨省 · 班迭棉吉省 · 柏威夏省 · 蒙多基里省 · 腊塔纳基里省 · 桔井省 · 磅湛省 · 波萝勉省 · 磅同省 · 贡开

45

独立纪念碑
(Independence Monument)

免费

位于金边市区的东部、诺罗敦大道与西哈努克大道的十字路口，独立广场中央

独立纪念碑是为纪念1953年11月9日柬埔寨摆脱法国殖民统治，获得完全独立而建。1958年3月落成，仿吴哥窟大塔而建，高37米，共7层，上有蛇神（柬埔寨的文化象征）100条。每年独立节时，柬埔寨国王或国王代表都在此举行隆重的庆典。来访的外国元首也会到这里献花圈。

基里隆公园
（Phnom Kulen Nation Park）

🏠 位于金边市西南 115 千米处，距西哈努克市 147 千米 🚌 从金边去基里隆公园非常方便，沿着宽阔平坦的 4 号国家公路可直接到达基里隆，从山脚到山顶 25 千米的沥青路也很好走

基里隆公园面积 35 万平方千米，山顶海拔 1 000 米。基里隆位于奥拉山和豆蔻山的交界处。由于山脉挡住了从南方刮来的海风，这里的雨水充沛，年降雨量达 3 000 毫米，因此，这里天气凉爽，空气清新，气温平均比金边市低 4℃。公园里有动物 200 多种，植物 105 种，林间有很多吸引人的野生兰花。最特殊的是，这里有柬埔寨独一无二的松林。1944 年，柬埔寨国王西哈努克曾骑象上山，发现了松林。于是在 1944 年 4 月 17 日，西哈努克国王把这里命名为基里隆公园。"基里隆"的意思是美好的山。

1946 年基里隆地区开始修筑公路和桥梁。1963 年基里隆改名为涅刁龙旅游城。涅刁龙是一名高级军官，曾担任政府首相，被西哈努克国王封为亲王。因为他曾为建设基里隆公园做出了突出的贡献，所以就以他的名字定为城名，基里隆也因此成为柬埔寨非常著名的城市。那时，这座美丽的山城经常接待国内外高级代表团。经过 20 多年的战乱，柬埔寨的许多旅游区遭到破坏，但基里隆却躲过了灾难，保存得较为完整。

基里隆除了松林和兰花外，还有 10 个重要旅游点，其中最有名的是沸水、三层瀑布、国王新旧别墅、寺庙、响水、石山。

基里隆公园里奇特的沸水深藏在大森林中。它是被一个志愿考察小组发现的。考察员发现，沸水以井和坑的形式存在着。坑有大有小，大的像池塘，最大的沸水池长 30～40 米，宽 7～8 米。水很烫，水坑周围植物下面的土也是烫的，但绿色的植物却在正常地生长。沸水清澈见底，不停地从地下向上冒出，然后不断地流入小河，随着沸水流得越来越远，水温也就逐渐由烫变温。水底的泥沙多数是细沙，也有稍大一些的沙粒，大大小小的沙粒都闪闪发光。

暹粒

暹粒作为参观吴哥古迹唯一且重要的停留地，已有百年历史了，但暹粒依然是一座小城。城中有一条河横穿而过，酒吧街、老市场以及北边通往吴哥的那条公路，基本上也就是所见的全部暹粒了。以国际标准来看，暹粒甚至可以称得上是荒芜，因此它也有"酣睡的洞穴"之称。城里大部分豪华饭店和娱乐设施都是最近几年为发展旅游业而特别建设的。它还没有完全淹没在旅游商业之中，虽小，却恬静地守着独属于自己的气质，甚为难得。

暹粒距离金边 311 千米，距离泰国边界只有 152 千米，离柬埔寨的精神和文化中心吴哥只有 7 千米，到洞里萨湖 12 千米。也正是因为吴哥的名声而让人们忽视了暹粒周边的田园风光。在游览吴哥的行程之后，从这里乘船游览，了解洞里萨湖两岸水上人家的传统生活状态，及探访在普列托尔鸟类保护区和生物圈的各种生物，可以收获意料之外的惊喜。

洞里萨湖
（Tonle Sap Lake）

🚌 洞里萨湖距离暹粒市区 30 分钟车程　💰 游船 15 美元

暹粒的城镇中心和周边村落保存了柬埔寨传统的风土人情。洞里萨湖是东南亚最大的淡水湖，也是柬埔寨最大的母亲湖，连接着柬埔寨西侧的众多省份。旱季覆盖面积 2 500 平方千米，雨季达 12 000 平方千米。湖中有船只往返于首都金边、第二大城市马德望以及暹粒之间，将大半个国家连接在一起。洞里萨湖水产资源非常丰富，在洞里萨湖的中心，散落着很多水上村庄，这里的人们逐水而居，几世纪以来家就安置在湖水上。其中很多居民并不是传统的高棉人，而是由越南逃难至此的难民，他们以捕鱼为生。不管水位多高、湖面多小，这个湖就是他们生活的全部。今日人们来此地，多是为了参观他们独特的生活方式。

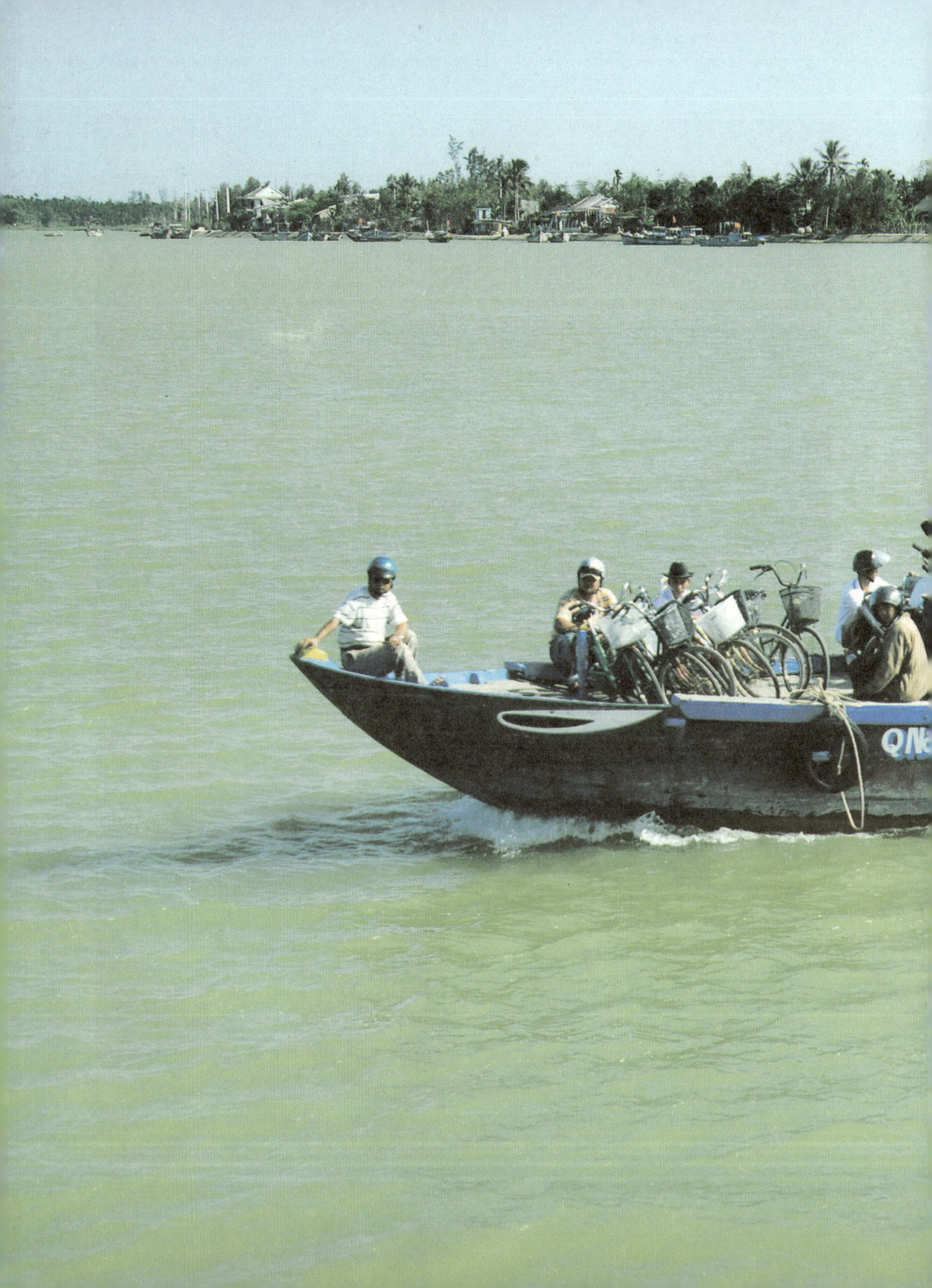

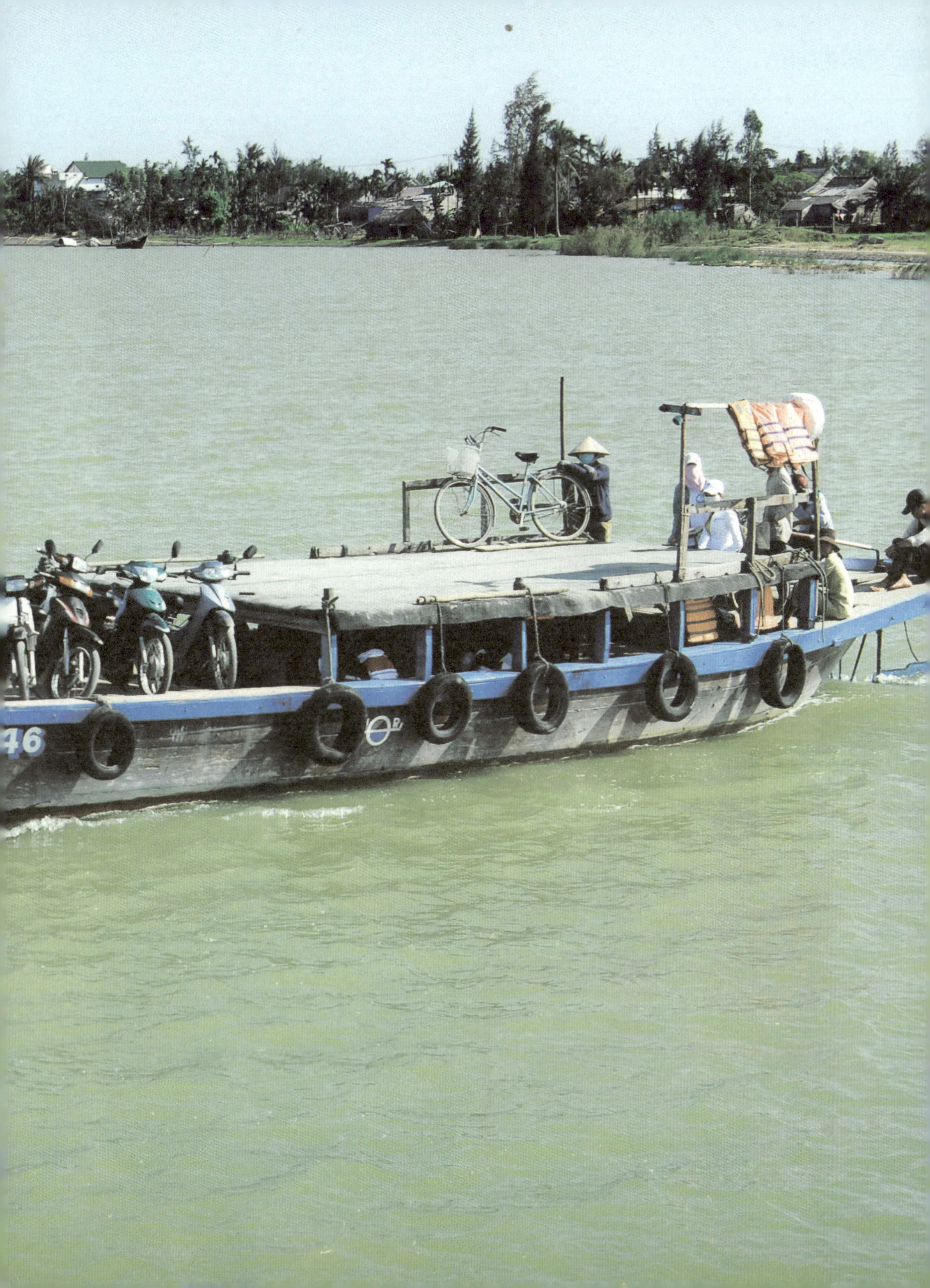
46

水上村庄：空尼
（Floating Village of Chong Kneas） 免费

🚌 从暹粒到水上村庄，乘摩托车单程费用约 1 美元，乘出租车费用约 5 美元，全程约需 20 分钟

在洞里萨湖上有一个水上村庄叫空尼，村庄居民超过 1 万人。他们终日以捕鱼等水上劳作为营生，从不上岸。

村庄靠近荣寺码头，乘快船很方便到达这个水天一色的家园，一睹水上人家的生活。这里的风景非常迷人，从荣寺山顶的寺庙可以远眺这与水相融的村庄。这里有壁虎环境中心，陈列着这一地区的植物和动物群落的样本，同时也较详细地展示了洞里萨湖周边人们的生活。

省钱小助手

花费 10 美元，可以租一条小船在村子周边做一次近距离的巡游。不过，从暹粒到金边刚好会经过这一带，因而无须另外花钱专门前往。

TIPS

据说，这些人原来全是柬埔寨的越南侨民，越柬战争时驾船通过湄公河逃回越南，但越南政府不准他们上岸。无奈之下他们又退回洞里萨湖，但想不到柬埔寨政府也不准他们上岸。因此，他们就成了没有国籍的难民，只好终日在湖面上漂泊，任由风吹雨打。

暹粒普列托尔鸟类保护区和生物圈
(Prek Toal Bird Sanctuary)

🏠 Tonle, Sap Battambang, Cambodia
🚌 从暹粒出发乘摩的或租车到水上村庄空尼，然后乘船到达环境办公室（往返约 35 美元，单程 1 小时），再从这里乘船 1 个多小时进入保护区
¥ 每人 60 美元，每团至少 4 人，含门票、导游费、早餐、午餐和水

普列托尔是洞里萨湖上的 3 个生物圈之一，这不大的区域内聚集着大量珍稀的鸟类，尤其是在每年的旱季（12 月至次年 5 月），这里更是成了鸟类的天堂。观鸟的最佳时间是在清晨或是傍晚，所以这里也为观鸟爱好者提供简单的住处，费用为 7 美元。同时这里还为游客提供观鸟用的望远镜。非营利组织 Osmose 有组织当日往返的旅行项目。

Ang Trapeng Thmor 鸟类保护区

免费

🚌 从水上村庄空尼乘船约 1 小时可以直接到达

Ang Trapeng Thmor 鸟类保护区距离暹粒 100 千米左右，在班迭棉吉省界边上。在这里能观赏到极为珍贵的萨勒斯鹤（Eastern Sarus Crane），又名东方赤颈鹤，据说全世界只有两个地方能看到这种鸟。

在通往诗梳风的路上走大约 72 千米，再向北走即可到达空邦鲁沼泽森林（Flooded Forest of Kompong Phhluk）空邦鲁村在空邦鲁沼泽森林的深处，多数房屋都建在 6～7 米高的木桩上，是名副其实的空中楼阁。

空邦鲁是一个季节变化很明显的地方，每年雨季来临时，湄公河河水泛滥、洞里萨湖水位上涨时，沼泽森林便会淹没在水下，这时不见陆地只见水面，这里就变为水上村落。而当雨季过后，待湖水退去，石化了的树木又从水下冒出来，呈现出非同一般的风景。

53

吴哥

1860年，法国植物学家亨利·穆欧为了寻找珍稀的植物标本来到柬埔寨，来到了这片人迹罕至的密林深处。眼前的景象令穆欧和他的向导惊讶不已，极目望去，好像走进了一个神话世界：到处是雄伟庄严的庙宇，到处是精美绝伦的石刻和浮雕，有形态各异的大象、飘逸优美的仙女、慈眉善目的大佛、几百座风格奇特的宝塔、庞大得惊人的水利灌溉系统和宽阔笔直的大道。

穆欧后来写道："此地庙宇之宏伟，远胜古希腊、罗马遗留给我们的一切，走出森森吴哥庙宇，重返人间，刹那间犹如从灿烂的文明堕入蛮荒。"然而，这么辉煌的古城，这么多精美的建筑，为何被世人所遗忘，掩藏在这热带雨林的深处？

由于这一地区周围人烟稀少，到处是参天大树，藤蔓密布，高大的榕树和木棉树四处伸延的树根已把那些巨大精美的石刻雕像层层缠绕，古寺庙群、蓄水池、运河等已长满杂草。经过多年来考古学家们的清理，大量寺庙才恢复了本来面目，阳光再次照射到沉睡达几个世纪的吴哥古城，人们总算揭开了这座古城的一些秘密。从此，吴哥窟与中国长城、埃及金字塔、印度尼西亚婆罗浮屠，并称为"东方四大奇迹"。柬埔寨国旗上的金色三塔圣寺图徽，正是吴哥窟。

吴哥到底遇到了什么灭顶之灾，史书上没有记载，现代学者则众说纷纭。有人认为，或许是当时的

吴哥城流行了一场瘟疫，导致了城市的毁灭。也有人把这归于外敌入侵，并明确地指出它是被泰国军队攻占。但瘟疫不可能使全城居民无一幸免地全部死去，而据历史记载，泰国军队撤离后，高棉王朝还存在了相当长的一段时间，因而这两种解释都难以成立。还有一种较有影响力的说法是高棉的佛教徒原来信仰大乘佛教，吴哥的佛教建筑也是这时兴建的，但后来该国僧众改信小乘佛教，于是这些大乘教派建造的寺庙就被废弃了。这种说法看似有理，其实仍有疑问。首先，大乘、小乘都是佛教内部的派别，双方对教义的理解虽然不同，但崇拜的神佛并没有什么区别，因此没有废弃寺庙的必要；其次吴哥并不仅仅是纯粹的寺庙群，它还是吴哥王朝的都城。据考证，在吴哥地区最繁华时曾有上百万人口居住。即使教派改变，这些人都到哪儿去了呢？还有人认为是因吴哥后期国王建造寺庙过甚，民众不堪忍受导致起义，奴隶们杀死贵族之后逃离了这座城市。可是，不论是瘟疫、战争还是奴隶起义都是简单的猜测，因为吴哥遗址并没有任何受到人为破坏过的迹象，这里既没有战争痕迹，也未见杀戮的尸骨，一切都似乎消失于自然之中。

吴哥古迹，是世界古代文化的奇迹，也是世界古代文化的未解之谜。

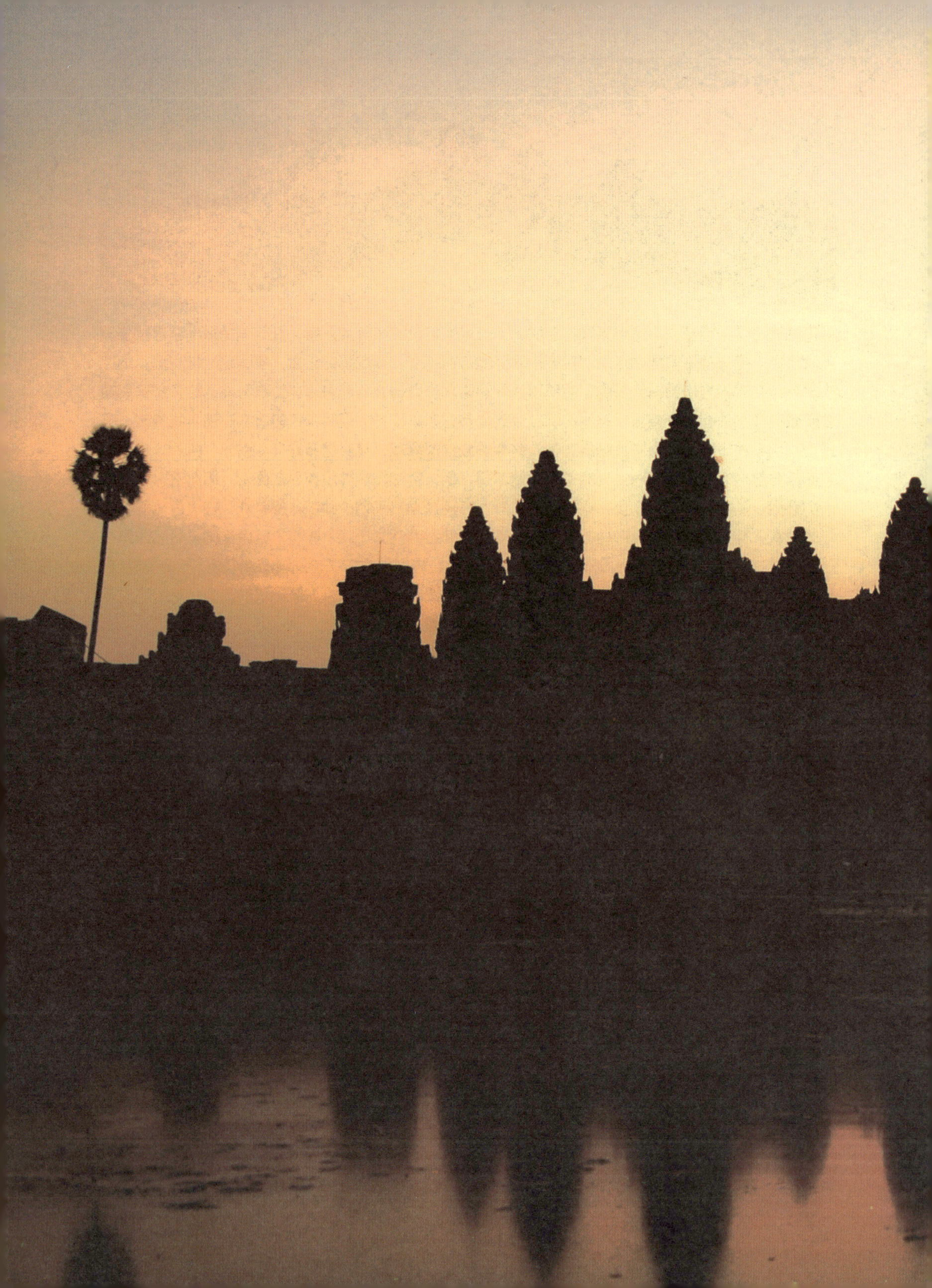

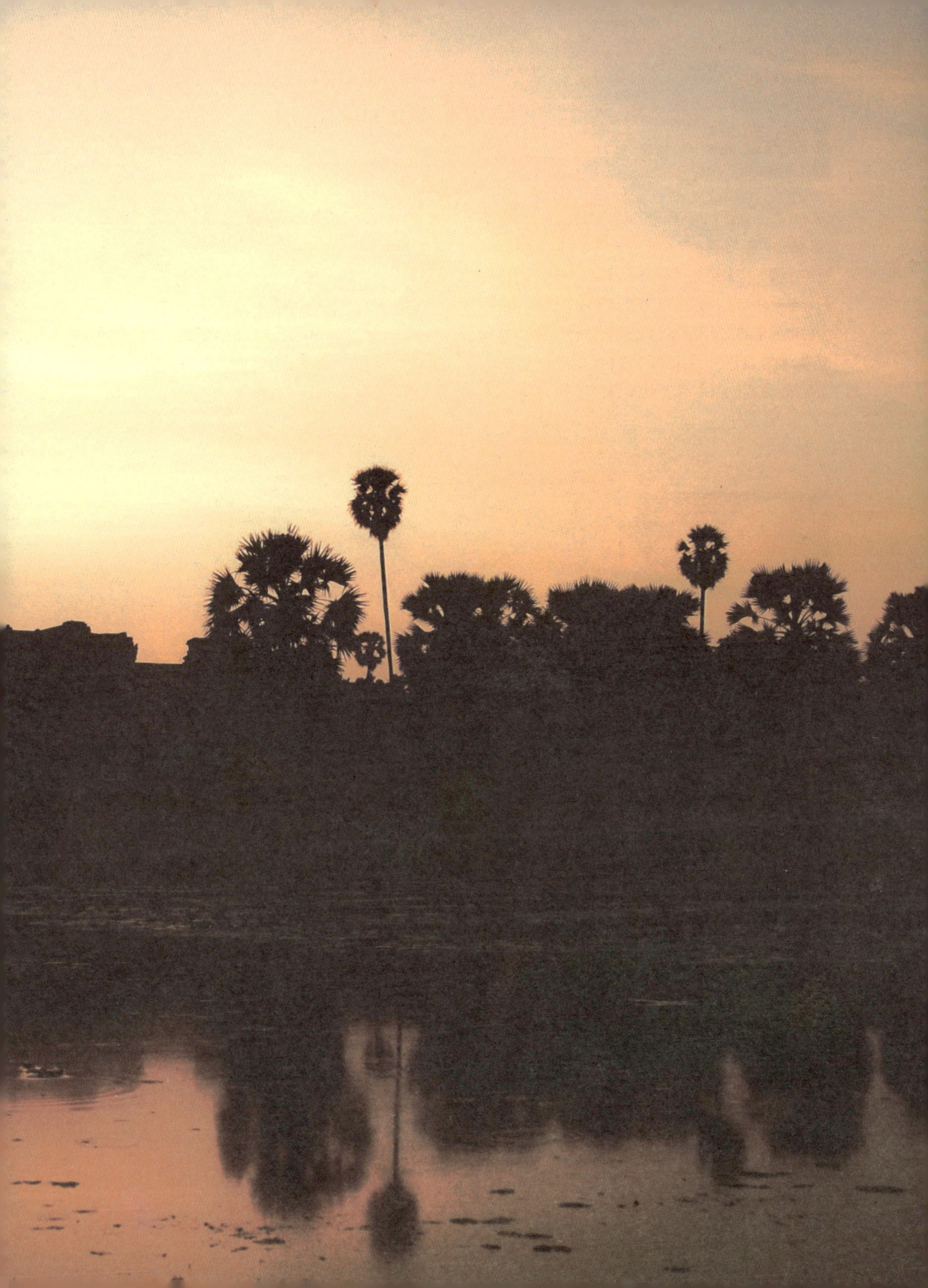

吴哥窟
（Angkor Wat）

🕐 5:00-19:00　💰 吴哥门票分为三种：一日票20美元；三日票40美元；一周票60美元。目前三日票已经升级为可三日不连续票，一周票也可延续到一个月，不过须提前告知工作人员。门票包含古迹林中的主要建筑如吴哥窟、吴哥王城、塔布隆寺、女王宫等。门票还包含暹粒地区的所有建筑，但是较远的荔枝山、奔密列不包含其中。荔枝山上山时收取每人20美元过路费；奔密列门票5美元

吴哥窟是东南亚主要的考古学遗址之一，其占地面积400多平方千米，包括林地、吴哥窟遗址公园。这个公园有从9—15世纪高棉王国各个首都的辉煌遗迹，包括著名的吴哥窟。在吴哥王城、巴戎寺里有无数雕塑。

省钱小助手

办理门票无须自带照片，现场免费拍摄。高峰期需要排长队，17:00以后可以免费进入景区观赏日落，门票第二天生效。此外，注意保管好门票，进入景区一次打一次孔，丢失了就只有再办理一张了。如果让工作人员在任何一座主要寺庙里看到你未带门票，你将被处以100美元的罚款。

TIPS

每年的11月至次年2月是吴哥的旱季，6—10月则是雨季，两个季节使吴哥窟呈现出两种不同的面貌。尽量避免在3—5月天气最热的时候旅游。到吴哥旅游时，尽量避免在正午参观，最好带一些防晒物品，如太阳帽、遮阳伞和防晒霜等。吴哥的主要景点有4处：吴哥窟、吴哥王城、巴戎寺以及塔布隆寺。一日游的话最好选择其中的两三个景点细细地观赏，若是一日十景，恐怕留下的印象只有混乱。如果时间充裕的话，除了这4处主要的景点之外，十字形走廊的圣剑寺和存有吴哥时期最高水准雕塑的女王宫也应该在旅行的规划之中。就最佳的观赏的时间而言，吴哥面向西方，傍晚时分光线最佳；巴戎寺面向东方，因而早晨将是这里最壮美的时分；塔布隆寺被植物包围，中午通常会相对通透。当然，这样的参观时间几乎每个人都知道，如果想要错过参观的高峰人群，完全可以选择自己的时间，这样你也许会发现另外相对安静的吴哥景象。就参观的线路而言，通常会以大圈和小圈来进行。

柬埔寨好好玩 ·金边 ·暹粒 ·吴哥 ·西哈努克市 ·戈公省 ·贡布省 ·白马省 ·茶胶省 ·马德望省 ·菩萨省 ·班迭棉吉省 ·柏威夏省 ·蒙多基里省 ·腊塔纳基里省 ·桔井省 ·磅湛省 ·波萝勉省 ·磅同省 ·贡开

59

布局

　　吴哥窟的整体布局，也许从空中俯瞰可以一目了然：一条明亮如镜的长方形护城河围绕这个长方形的满是郁郁葱葱树木的绿洲，绿洲有一道围墙环绕。绿洲正中的建筑是吴哥窟印度教风格的须弥山金字坛。吴哥窟坐东朝西。一条由正西往正东的长堤横穿护城河，直通寺庙围墙西大门。过西大门，有一条较长的道路，穿过翠绿的草地，直达寺庙的西大门。在金字塔式的寺庙最高层矗立着5座宝塔，如五点梅花。其中4座宝塔较小，排四隅，一座大宝塔巍然矗立正中，与印度金刚宝座式塔布局相似，但五塔的间距宽阔，宝塔与宝塔之间由游廊连接。此外，须弥山金字坛的每一层都有回廊环绕，这是吴哥窟建筑的特色。

外廊

吴哥窟的护城河呈长方形，如口字，东西方向长1 500米，南北方向长1 350米，全长5 700米；河面宽190米。护城河外岸有砂岩矮围栏围绕。护城河上正西、正东各有一堤通吴哥窟西门、东门。东堤是一道土堤；西堤长200米，宽12米，上铺砂岩板，古时西堤是裹金的。护城河内岸留一道30米宽的空地，围绕吴哥窟的红土石长方围墙。围墙东西方向长1 025米，南北方向宽802米，高4.5米。围墙正面中段是230米长的柱廊，中间竖立3座塔门。

正中的一座塔门是吴哥窟的山门，它和左右两塔门由二重檐双排石柱画廊连通，画廊外侧（西侧）石柱顶部的天花板装饰着莲花和玫瑰花图案。各塔门都有纵通道、横通道，交叉成十字形，纵通道以出入寺院，横通道以游览画廊。此3座塔门的纵通道特别宽阔，可容大象通过，又名象门。3座塔门的顶部塔冠虽已残缺不全，但正中的一座，恰好比左右两座高些，仍然像一个山字形，保留着原来比例，和吴哥窟顶层正面的3座宝塔遥相呼应。围墙其他三面的塔门，较小也较为简单，而且只有小径可通，很少人去。

南塔门之下供奉着一尊毗湿奴雕像。阁

耶跋摩二世在位时，这尊毗湿奴雕像原本是供奉在吴哥窟顶层神庵内，在吴哥窟改尊佛教后，由顶层神庵请来此地守护。画廊内侧(东侧)是石壁，间以葫芦棂窗。

画廊壁朝西的一面饰有舞女浮雕，画廊壁朝东的一面装饰着跳舞或骑兽的武士和飞天女神。门南的一尊飞天女神浮雕，是寺庙内独一无二露齿微笑的飞天女神。由围墙包围的寺庙大广场，占地面积 0.82 平方千米。

除去位居中央的寺庙，这一片广场是古代城市和王宫的遗址，王宫遗址在寺北。如今古城和古王宫都荡然无存，广场被森林覆盖，只遗留下一些街道的轮廓。由寺庙围墙西塔门通寺庙西山门的大路，宽 9.5 米，长约 350 米，高出地面 1.5 米，路面用砂岩石片铺砌；石路左右两边排列着 7 头眼镜蛇保护神。路南、路北各有一座名为藏经阁的建筑，其每个基点上都有出入口。往东，路北，在藏经阁和寺庙之间，有一片荷塘，绽放着各色荷花；路南对称位置的水塘，则是清水一泓。路尽头是一条通吴哥窟山门的十字阳台，称为王台。王台左右有狮子守护。水塘和王台都是后人添加的。

中心建筑

十字王台尽头是吴哥窟的中心建筑群。它以大、中、小三个长方形回廊为周边的须弥座，依外大内小、下大上小的次序堆叠而成的三个围围，以中心矗立的五座宝塔为顶点，象征须弥山。

据美国学者艾丽娜·曼妮卡解释，这三层回廊各代表国王、婆罗门和月亮、毗湿奴。各回廊的每个基点上都建立廊门，上、中两层的回廊四隅设置塔门，每层塔门有四座宝塔，中央宝塔形成五点梅花图案。由于寺庙朝西，因此上一层须弥座的位置并非在下一层须弥座的正中，而是略靠后偏东，为西边画廊留出更多空间；因为同样缘故，西边的台阶不如东边台阶陡峭。

第一层的须弥座由砂岩石垒成，高出地面约3米；须弥座之上，有高3米的回廊，围绕吴哥窟，如口字。回廊为长方形，南北方向长190米，东西方向长220米。回廊四周共有4座塔门和8座廊门，四隅各1座塔门，正西、正东各3座廊门，正北、正南各1座廊门。

塔门和廊门有内、外两石阶，可通第一层内院、寺庙外院。回廊的内侧墙壁既是寺的外墙，又是巨型画廊。回廊的外侧有两排并列的方石柱，其中一排支撑画廊拱顶，另一排支撑半拱顶边廊。回廊的二重檐拱顶覆盖着陶瓦，保护画廊壁上的石雕不受日晒雨淋。

画廊的石壁上排列着雕工精细的8幅巨型浮雕。每幅浮雕高2余米，长近百米，全长达700余米，绕寺一周。浮雕描绘的是印度梵文史诗两大名篇《罗摩衍那》《摩诃婆罗多》中的故事以及一些吴哥王朝的历史。

柬埔寨好好玩 ●金边 ●暹粒 ●吴哥 ●西哈努克市 ●戈公省 ●贡布省 ●贡开 ●磅同省 ●白马省 ●波萝勉省 ●茶胶省 ●磅湛省 ●马德望省 ●桔井省 ●菩萨省 ●腊塔纳基里省 ●班迭棉吉省 ●蒙多基里省 ●柏威夏省

西画廊展示的是《罗摩衍那》中阿逾陀国王之子罗摩（Rama）击败罗刹魔王罗波那（Ravana）的场面和《摩诃婆罗多》中佧拉婆族和班度族战争的故事。

南画廊有几幅浮雕和吴哥王朝历史有关，其中一幅描绘阇耶跋摩二世头戴王冠，在宝座上赤足盘腿而坐，左手向左指，后手靠着宝座扶手，左右侍从各二，手执长扇，为国王扇风，身后还有宫女，手持巨型蜡烛，白日点燃。接下来是印度神话中的32层地狱和37重天堂。东画廊描绘古印度神话普拉纳斯中一个著名的故事：毗湿奴搅乳海（毗湿奴令92尊阿修罗和88尊天神把蛇王婆苏吉充当绳索搅动乳海）。接下来的毗湿奴击败

阿修罗的场面是16世纪后人所加。北画廊呈现的是毗湿奴第八化身黑天战胜阿修罗班那的场景。

　　西北和西南角廊的画面较小，多是描述罗摩衍那或黑天的故事。走进第一层回廊西门，踏入一个名为"千佛阁"的田字阁，四周环绕回廊。田字阁被中央的十字游廊分隔为4个院落，其地面比十字游廊和回廊低约1米，原为水池，现在已不蓄水。田字阁的南北廊宽约3米，外侧封闭，内侧立双排方柱。十字游廊由两道游廊交叉成十字形，每道游廊由中廊、左偏廊、右偏廊3个部分组成，由4行方柱支撑。2行内方柱支撑中廊，2行外方柱支撑各自的偏廊。中廊宽约3米，高

约 4.5 米，上半部分是墙壁，下半部分是方柱。石柱底部有飞天女浮雕，一些柱身和柱墙还残留深红色的涂漆，由此可窥见 800 多年前吴哥窟全盛时期的辉煌景象。

主廊顶呈蛋尖拱形，以陶瓦盖顶左右偏廊，宽约 2.5 米，高约 3 米；游廊总宽度约 8 米。几世纪来，朝拜者曾在阁内留下许多佛像，不过大部分佛像现在已被挪走。阁内还有不少颂扬朝拜者善行的铭文，多数是高棉语，一些是缅甸语，这些铭文在寺庙第一层围囿的内院，如反"匚"字形。在第一层围囿的西北角和西南角各有一座藏经阁。田字阁的北廊、中廊和西廊各有石阶廊，向西通往寺庙的第二层围囿。

第二层台基又高出第一层台基 5.5 米，四周也有长方形回廊，东西方向长约 115 米，南北方向宽约 100 米。回廊没有石柱，也没有偏廊，两壁分布着竖葫芦棂窗，间以天神浮雕。回廊共有 10 座廊门，四隅各 1 座，东南北边各 1 座，西边 3 座。每座廊门有内外 2 座石阶，下通第一、二围囿内院；西边的 3 座廊门通往第一层围囿的田字阁。

第二层回廊四角的塔门，顶部各矗立 1 座宝塔。因年久失修，4 座宝塔的顶部大半缺损，九层宝塔只剩两三层。第二围囿内院的西南、西北隅各有 1 座小型的藏经阁。两座藏经阁之间由一个十字形阳台的南北道相连，阳台的东西道连接第二层回廊的西门和

第三层回廊的西门。这个十字阳台也是后人添加的。寺庙的第三层台基，即最内和最高层台基，称为巴甘，正方形，形如金字塔，但由两段叠成，巍然拔地而起12米，比一层、二层台基高一倍。台基四周有12道台阶，东南西北每边各3道，12道台阶都十分陡峭，必须手脚并用，匍匐攀登，象征登天之艰辛。

台阶之上的田字形重檐画廊，60平方米，上立5座宝塔，四隅各1座塔门，正中矗立一座42米高的大主塔，塔顶离地65米，主塔比4个角塔高大；5座宝塔，排成五点梅花式。每塔内设神龛。主塔的神龛，最初四通，中供毗湿奴一尊，在改奉上座部佛教后，中供佛像，三面用佛像壁围拢。各塔门之间，塔门与主塔之间，由田字画廊相连。田字画廊由回廊和十字游廊组成。回廊分主廊和偏廊两部分，主廊靠外的墙壁分布着竖葫芦棂窗，在正东、正西、正南、正北4个基点则分布长方形无栏窗。主廊的内侧为立柱排，主廊上有高5米的拱顶，偏廊内侧排列立柱，半拱顶高3米。十字游廊有一走廊，二偏廊，一拱顶，二半拱顶，左右各两排方石柱。田字廊的拱顶和半拱顶上铺着陶瓦。画廊顶部的天花板上刻着狮头蛇像，画廊和神龛入口有布满雕饰的门楣和三角墙。回廊东南西北四边的正中各有一道廊门，每道廊门有台阶下通第二层；回廊四隅的塔门，各有两道台阶下通第二层。

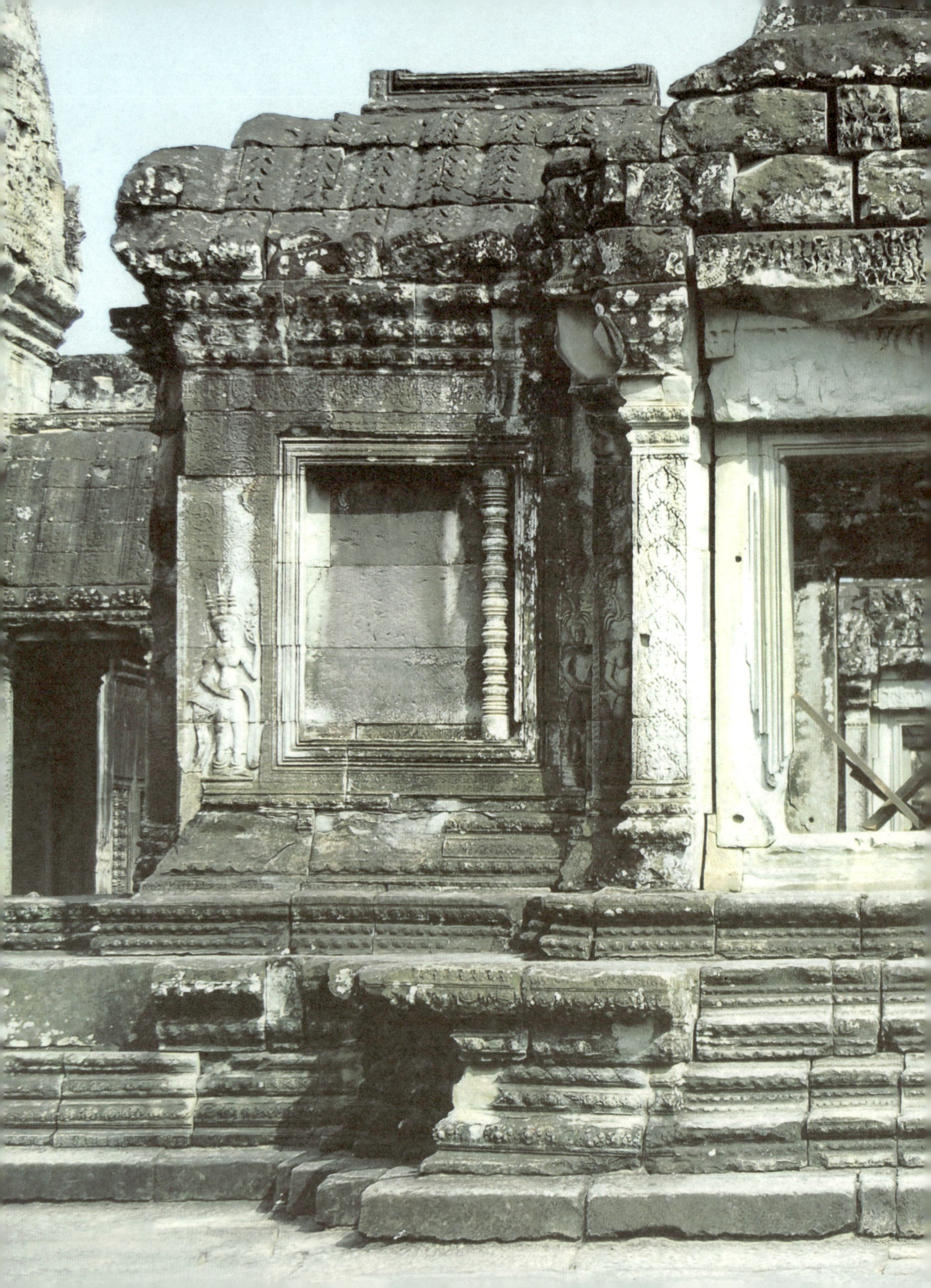

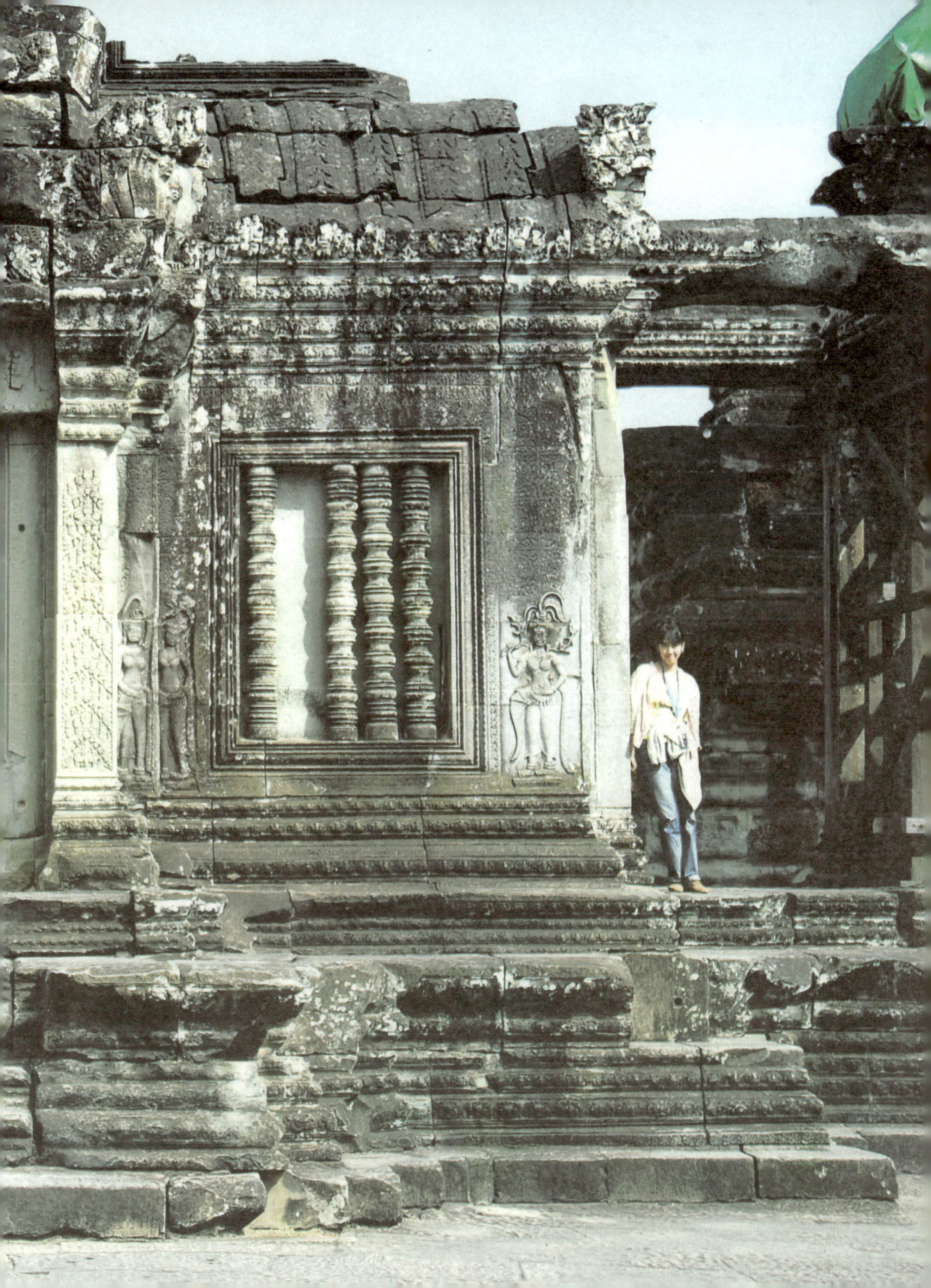

浮雕艺术

吴哥窟的圆雕并不出色，台基上的圆雕神像沉重而呆板，但浮雕却极为精致且富有真实感。在回廊的内壁及廊柱、石墙、基石、窗楣、栏杆之上，都有浮雕。内容主要是有关印度教大神毗湿奴的传说，取材于印度史诗《摩诃婆罗多》和《罗摩衍那》及印度教神话《乳海》，也有战争、皇家出行、烹饪、工艺、农业活动等世俗情景，装饰图案则以动植物为主题。其中围绕主殿第一层台基的回廊被称为"浮雕回廊"，回廊长达800米，墙高2米余，壁面满布浮雕。东壁的《搅乳海图》，北壁的《毗湿奴与天魔交战图》，西壁的《猴神助罗摩作战图》等，均描绘神话故事；而南壁西半部的《阇耶跋摩二世骑象出征图》则为世俗题材。这些浮雕手法娴熟、场面复杂，人物姿态生动、形象逼真，且已采用重叠的层次来展现深远的空间，堪称世界艺术史中的杰作。从里边向外望，可以发现墙上有许多婀娜多姿的人像浮雕，据说表现的是仙女下凡。以千年前的雕刻技术来说，竟然能把仙女刻画得如此活灵活现，而且每一位仙女的表情、面貌、衣着完全不同，真可以说是巧夺天工。这一群翩翩起舞的美丽仙女叫作阿帕莎拉，相传是由浪花所变。宏伟的吴哥窟正因为有了这群俏丽的仙女环绕而变得鲜活了起来。除了墙外的仙女引人注目，走在神庙里，处处可见精美细腻的雕刻，有时是在柱子上，有时是在墙角上。有凸出的、也有凹入的，也有两者交替的作品。就连走廊上的窗子，也是以小石柱做栅栏，当阳光透过窗子洒入长廊，便产生一种人文与自然交错的美感。

建筑特点

台基、回廊、蹬道、宝塔构成吴哥窟错综复杂的建筑群，布局规模宏大、比例匀称、设计简洁庄严，细节装饰瑰丽精致。全部建筑用沙石砌成，石块之间无灰浆或其他黏合剂，靠石块规整的表面以及本身的重量彼此结合在一起。当时的石工可能尚未掌握券拱技术，所以吴哥窟没有大的殿堂，石室门道均狭小阴暗，艺术装饰主要集中在建筑外部。

小圈

该线路全长17千米，从吴哥窟开始，向北依次经过巴肯山、巴云寺和吴哥王城（包括城墙和城门、巴戎寺、巴芳寺、皇家围地、吴哥古皇城、普拉帕利雷寺、提琶南、普拉皮图寺群、癞王平台、中央广场、北仓库和南仓库）。从胜利门（东城门）出吴哥王城继续向前，沿途有周萨神庙、托玛农神庙、思宾玛和塔高寺。然后向东北方向前进到达塔萨寺，转向南方到塔布隆寺，继续向东到达班迪哥代和皇家浴池，最后经由豆蔻寺返回吴哥窟。

柬埔寨好好玩 · 金边 · 暹粒 · 吴哥 · 西哈努克市 · 戈公省 · 贡布省 · 白马省 · 茶胶省 · 马德望省 · 菩萨省 · 班迭棉吉省 · 柏威夏省 · 贡开 · 磅同省 · 波萝勉省 · 磅湛省 · 桔井省 · 腊塔纳基里省 · 蒙多基里省

71

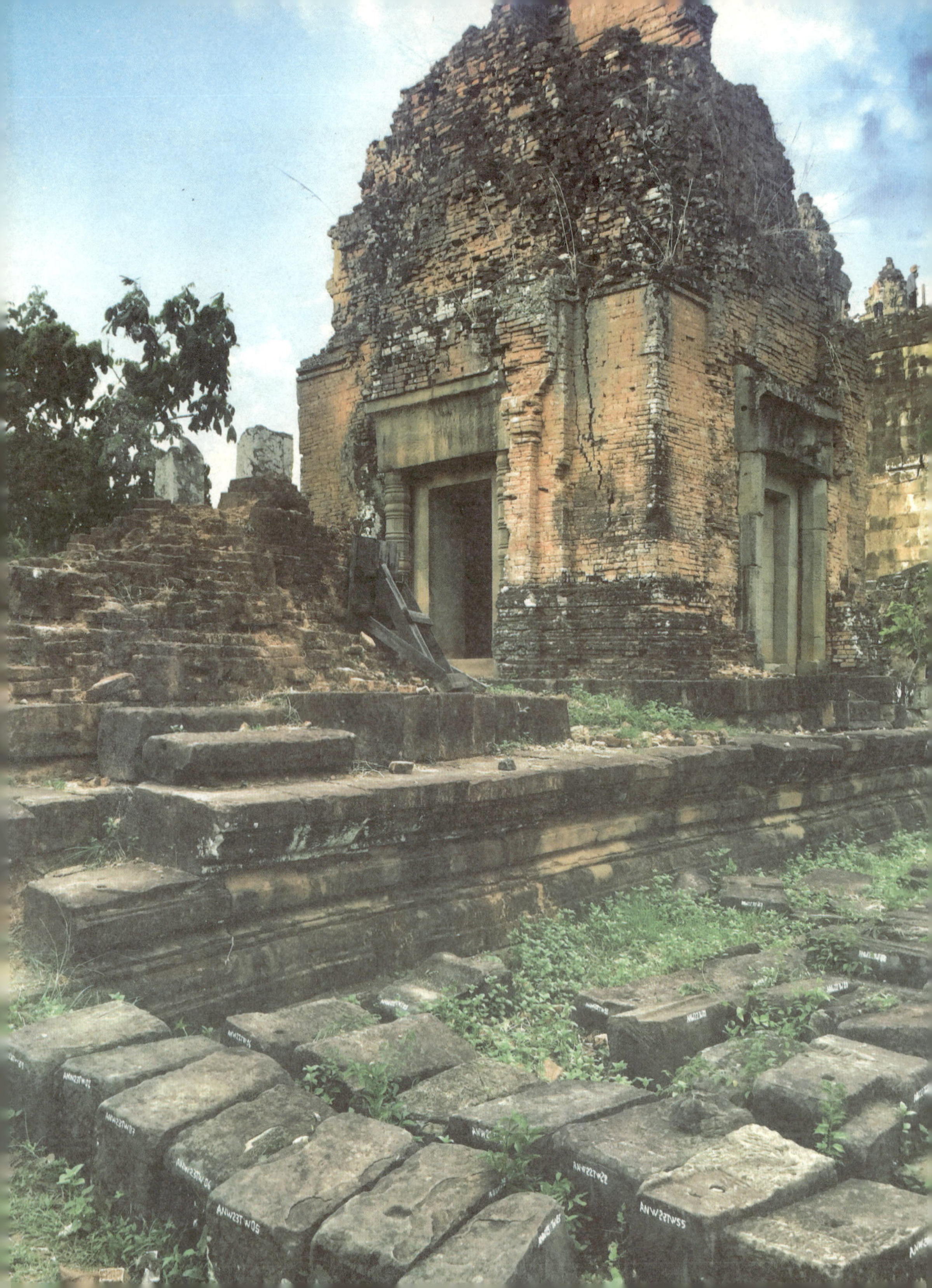

大圈

该线路全程26千米，是小圈的延展。小圈从东门出吴哥王城，大圈从北门出城，然后继续向前到达圣剑寺和龙蟠水池，向东到达塔萨，然后向南经由东梅奔到比粒寺，从比粒寺向西，再向西南回到吴哥窟。

比较理想的线路是日出时分参观吴哥窟以及周边的一些重要景点。然后去塔布隆寺。下午到达圣剑寺和吴哥王城，在傍晚的斜阳下欣赏巴戎寺。这样不仅可以从容地欣赏最值得看的几处景点，第二天还可以把女王宫以及龙蟠水池和塔萨列入行程之中。最后还可以在夕阳中欣赏比粒寺。

如果时间相对充裕，可供选择的方案也多一些。一种方式是用2—3天的时间慢慢地欣赏重要的4处景点，再用剩余的时间看几处其他景点，比如罗洛士建筑群；一种方式是从小寺看起，把最壮观的景点留到最后。也可以按照年代参观，从最早的吴哥王朝时期的寺庙开始，一直到吴哥王城，这样可以清楚地了解高棉建筑艺术的发展历程。

除了吴哥窟内，位于高布斯滨的林迦雕塑在时间充裕的情况下也是值得一看的地方。藏有艺术精品的女王宫和偏远而辽阔的奔密列值得用一天的时间游览。

这将是极有收获的一周。你可以将经典吴哥的每一个细节纳入自己的记忆，还可以到暹粒以及周边购物和游览。根据资料自己拟定行程，创造纯属于自己的吴哥之旅吧。

TIPS

乘直升机

花费90美元便可以飞到吴哥的上空俯视这座壮观的古城。花费150美元就可以将吴哥王城外部的景点一览无余。在位于暹粒的旧市场内，吴哥直升机出租公司设有办公室，这里也会提供其他景点的航行旅行，租机服务每小时2 250美元起。

Helicopters Cambodia
658 Hup Quan St, Siem Reap ☎ 00855-63963316
www.helicopterscambodia.com

乘热气球

热气球有固定的飞行航线，在距离地面约200米的空中俯瞰吴哥全貌自有别样感受，票价为每人15美元，一个热气球可以容纳30人。

Angkor Balloon
☎ 00855-69558888

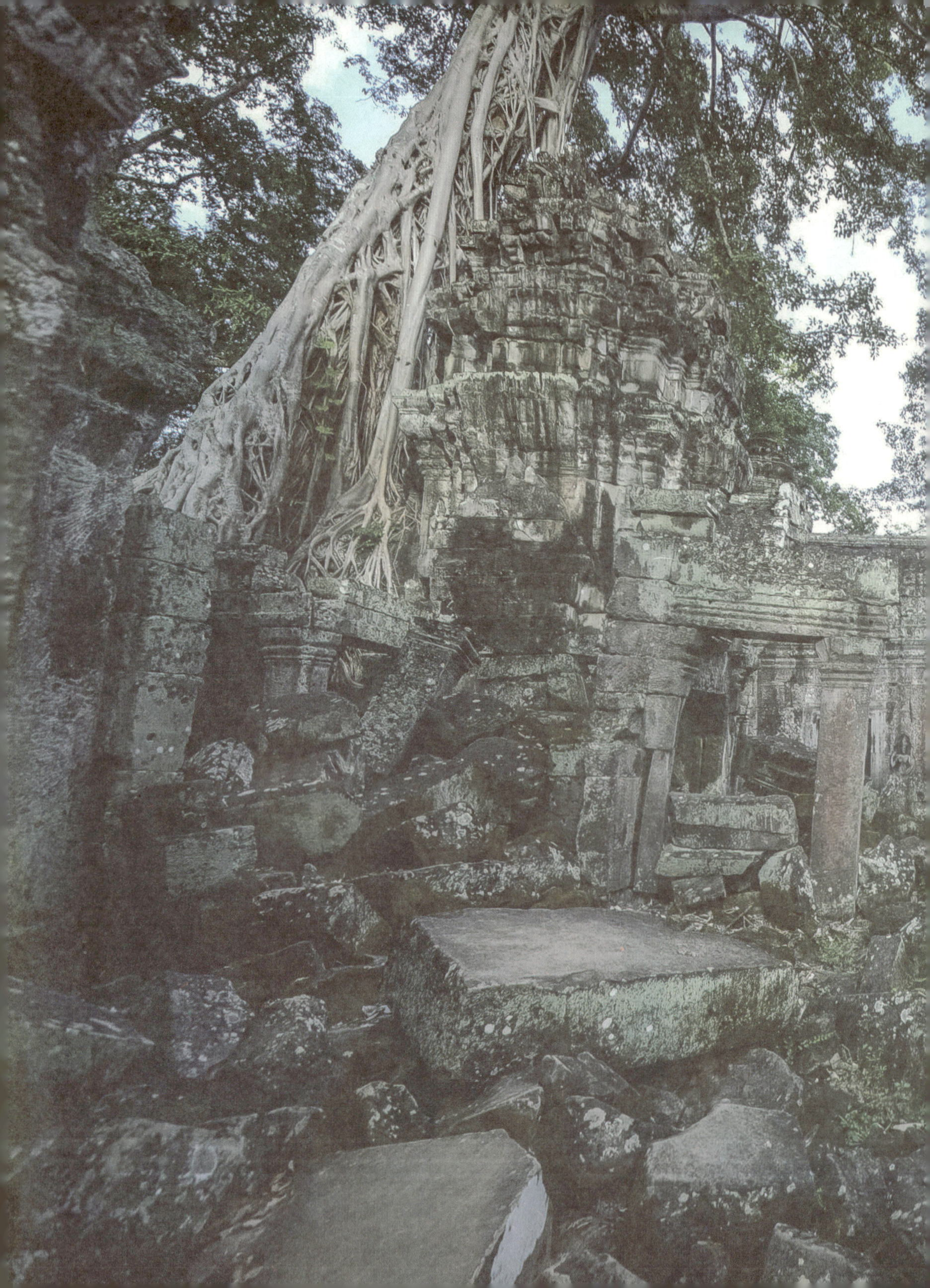

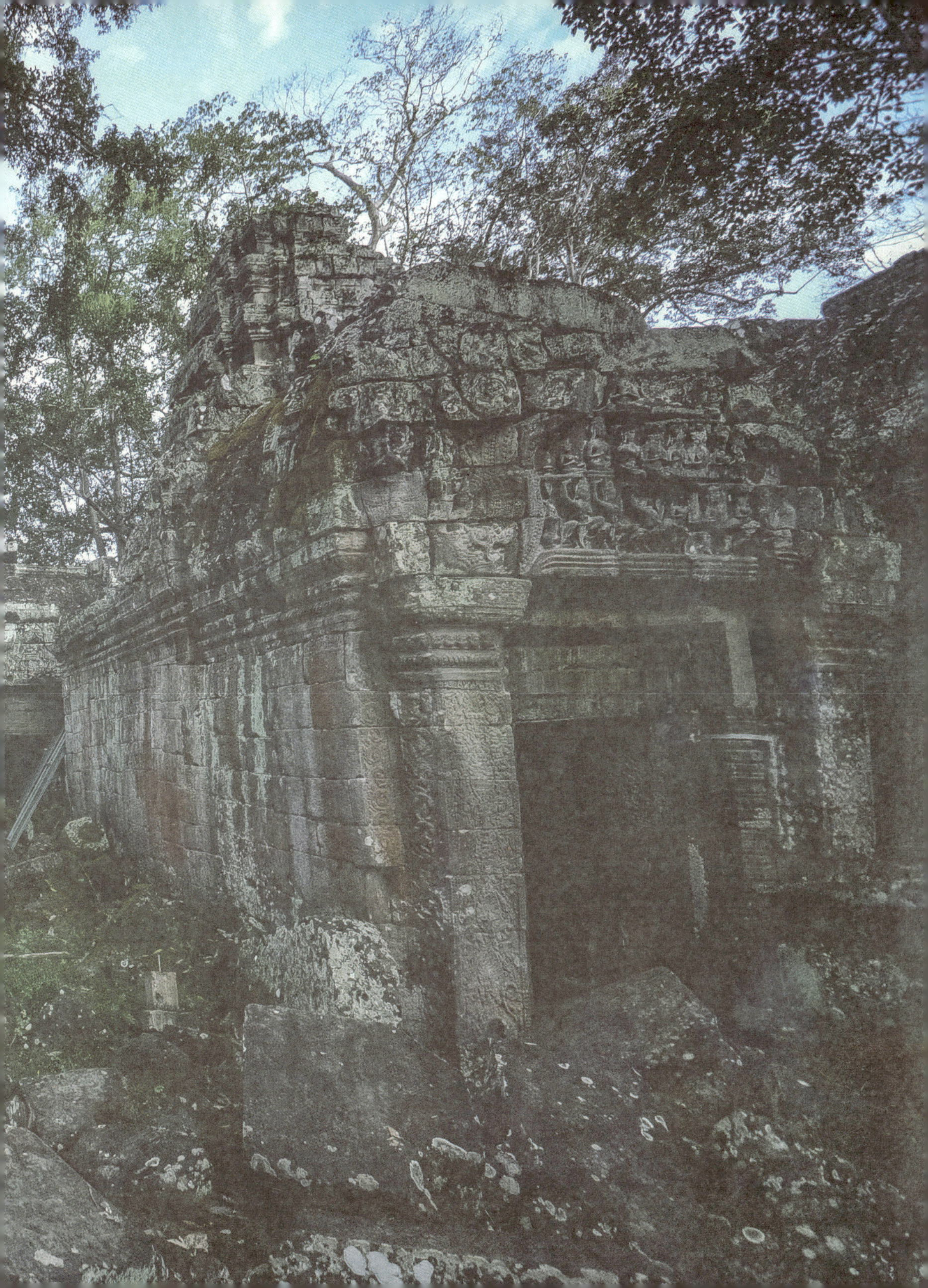

吴哥王城
（Angkor Thom）

🚲 前往王城，可以租自行车，租金 1~2 美元 / 天；4 人以内也可乘坐三轮摩托车，如果人数多还可以包出租车前往 🕕 6:00-17:00 ¥ 吴哥王城景区通票：一日游门票 20 美元，三日游门票 40 美元，七日游门票 60 美元；17:00 之后进入景区不需要门票，可免费参观

　　吴哥王城是吴哥王朝的首都，始建于 9 世纪，曾多次毁于战火，几经重建。现今的建筑是 12 世纪末至 13 世纪初由吴哥最伟大的国王阇耶跋摩七世所建。它的设计遵循了神山被海洋包围的惯例。吴哥王城呈正方形，全城共有 5 道城门，4 道通向城中心的巴戎寺，还有 1 道通向皇宫的胜利门，城门上面是面向四方的四面佛像。5 座城门外各有 1 座横跨护城河的大桥，桥的两旁置有石像，每边 27 尊。石神高 2.5 米，呈跪坐状。城内主要建筑物为巴戎寺，其核心部分是一组由 16 座相连宝塔构成的建筑群，每座塔布满了雕刻。除中央塔外，在两层台基的四周还排列着几十座形状相同的石塔，每座塔各有一个四面佛，他面含微笑，凝视远方，据说面容极像阇耶跋摩七世的容貌。围绕着台基上的建筑有两个同心的方形回廊，回廊上雕刻着大量的浮雕，主要以神话故事、当时重大的现实斗争和日常生活为题材。

　　东门曾作为电影《古墓丽影》的外景拍摄地。而西门的引道已完全坍塌，只留下一些断壁残垣。吴哥王城中最重要的建筑，如巴戎寺、巴芳寺、皇家围地、吴哥古皇宫和战象平台等都位于中心位置。

巴戎寺（Bayon）

巴戎寺位于吴哥王城的正中央，哪怕是与同时代的建筑精品相比，巴戎寺也堪称精品中的精品，它是阇耶跋摩七世创作才华的典型体现。

神寺距离各个城门都是1.5千米。整个巴戎寺是由49座大大小小的宝塔所组成的，中间一座最大，高40多米，其余48座如众星捧月般全部簇拥在它的周围，这49座佛塔顶部都雕有巨大的四面佛，4个面分别代表慈、悲、喜、舍。佛像面带安详的微笑，微微上翘的嘴角有几分宽容，又似乎有几分嘲讽，仿佛心中藏着什么世人永远无法了解的秘密，这就是令吴哥王城蜚声世界的"高棉的微笑"。穿行在众多佛塔间，无论身处哪一个角落，都会发现有带笑的眼睛注视着你的一举一动。巴戎寺的回廊壁画也十分丰富，从王公征战到市民生活应有尽有。庙宇的建筑结构相当复杂，经多次重修、改建和增建，现在的建筑事实上是由两座不同时代和造型的寺庙叠加而成的，有人曾把它比作"人用手塑造和雕刻出的一座山峰"。走入巴戎寺，在宝塔中随处可见精致的浮雕，这些浮雕为平凡的石柱注入了生命，点亮了神寺的活力。神寺的内部总共分为三层，包括：圣殿、修道场和藏经阁，大大小小的庭院共有300多间。

巴戎寺面朝东方，所以通常游客会在清晨去寺里参观。太阳升起时，阳光会一点点地在每个头像上掠过，令人感觉到光阴流逝的速度。

77

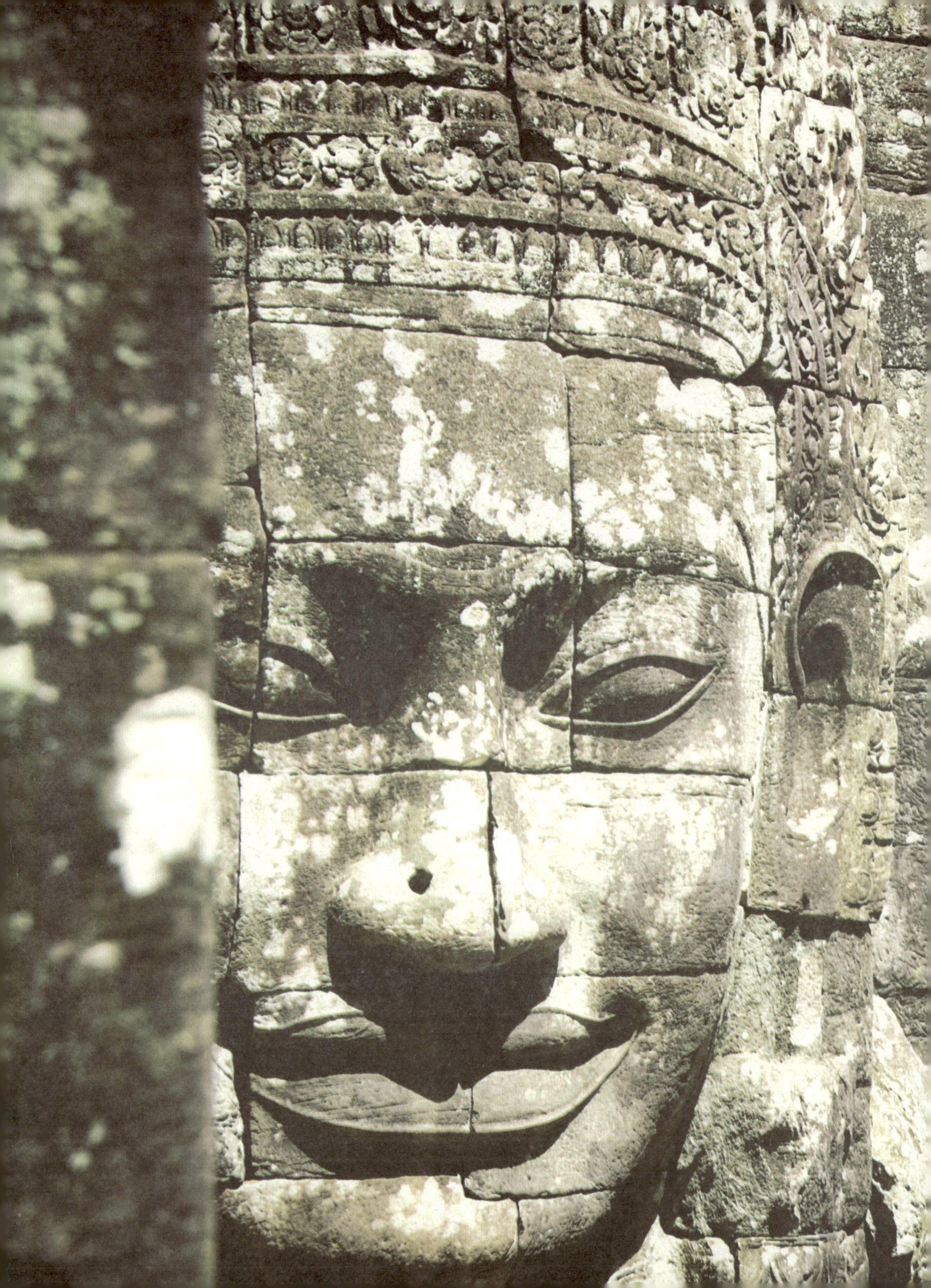

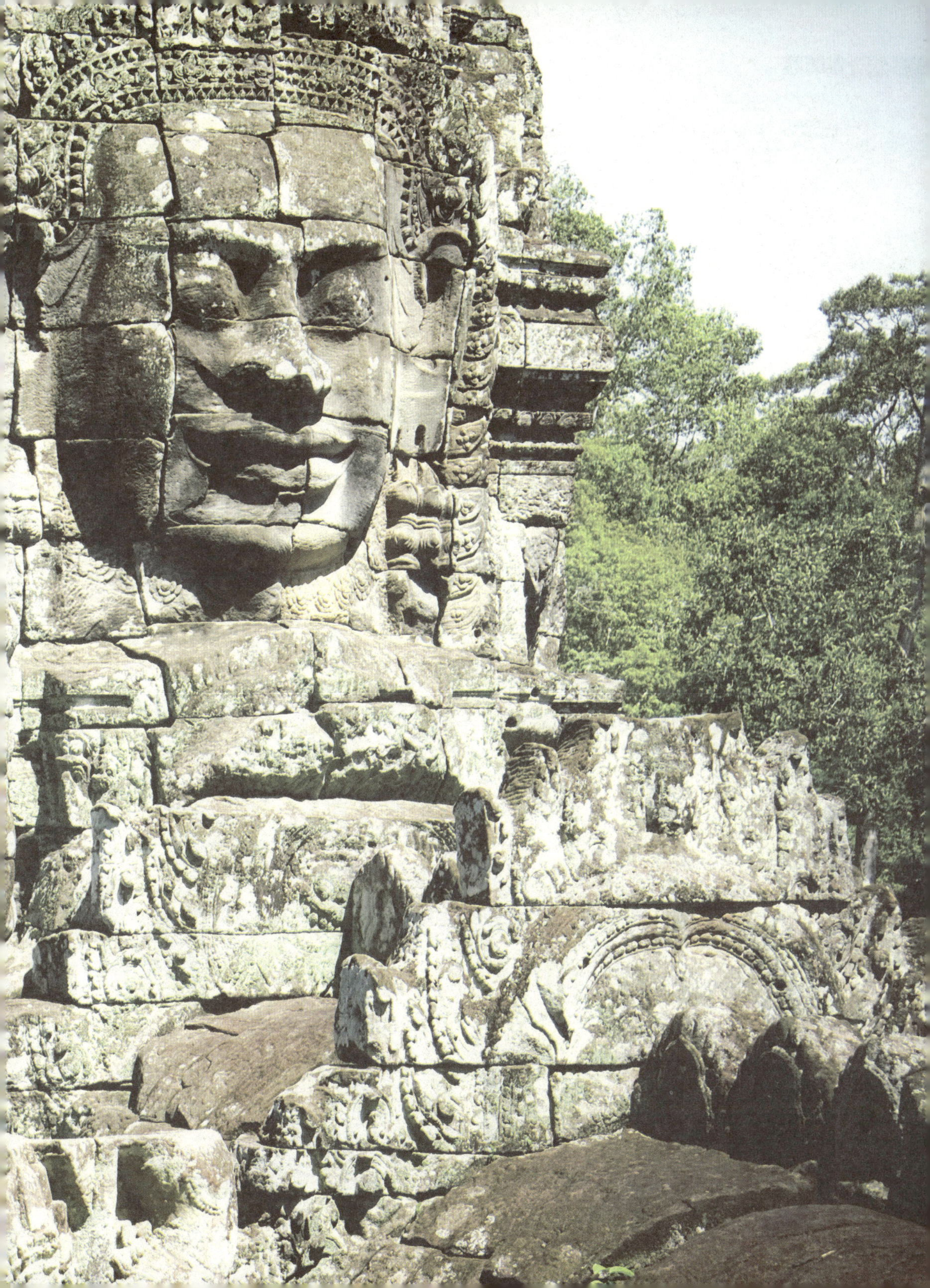

巴芳寺（Baphuon）

巴芳寺在巴戎寺西北面 200 米处，曾是吴哥王朝全盛时期最为壮观的寺庙之一，在吴哥王城建立前，巴芳寺曾经是城市的中心。原来的巴芳寺非常宏伟，但现在，大部分或已坍塌，或被拆除。巴芳寺是一座单独的神山式圣塔，坐落在一个高的基座上，此基座是神秘的梅卢神山的象征。寺外，矩形的砂石城墙长为 425 米，宽为 125 米。巴芳寺的一个显著特色是：由 3 排短圆柱支撑着东面一座 200 米长的桥，通过该桥可到达主寺，桥梁的中间是一座十字形的亭。巴芳寺来的西面，第二层的护墙被塑造成一尊 40 米高的佛像，但现在很难辨认出全貌。

空中宫殿（Phimeanakas）

吴哥古皇城靠近吴哥王城的中心，曾经是后宫的所在。如今，除了两座砂岩水池之外，这座皇宫没有留下太多。而这两个水池据说是皇室成员沐浴的地方。Phimeanakas 的意思是天上的宫殿，《真腊风土记》记载为金塔，是吴哥城里最高的建筑，为当时皇城中的圣庙。整个建筑构筑于高台之上，所以给人空中宫殿的感觉，整个回廊式的建筑，可以说是后来小吴哥皇城的雏形。虽然多已残破，但是其第二层和第三层却是欣赏巴芳寺美景的最佳位置。

普拉帕利雷寺（Preah Palilay）

普拉帕利雷寺是吴哥王城中最具艺术气息的寺庙之一，距离皇家围墙北门约200米。该寺兴建于阇耶跋摩七世在位时，据说寺中曾有一尊佛像，如今已不知其踪。几棵巨大的古树使中央圣殿显得异常突出，是摄影的好地方。

提琶南（Tep Pranam）

提琶南距离普拉帕利雷寺150米，是一座82米长，34米宽的十字形露台，曾是一座宝塔的基座。旁边有一尊在原来基础上重新建造的高4.5米的佛像。附近的一座木质结构建筑中还住着几位尼姑。

癞王平台（Terrace of the Leper King）

癞王平台是一座7米高的平台，在平台之上立着一个无性别的裸体雕像。雕像的原件现在保存在金边国家博物馆内。传说至少有两位吴哥的国王患过麻风病，这雕像便可能是他们之中的一位；另一种说法认为平台是皇家的火葬场，而那雕像是死神阎罗王。在平台的西南角有一条狭窄的迂回的坑道，在这里你可以看到隐蔽的壁雕。

战象平台（Terrace of Elephants）

走出王宫的正门，就可以看到战象平台，它在过去是举行庆典仪式的地方，同时也是国王的阅礼台。吴哥时期，这里每年都会举行盛大的斗象大会，只有在这场血腥残酷的搏斗中胜出的大象才能成为国王的坐骑。战象平台建于12世纪末，平台的长度超过300米，共有3个平台。南部的梯级以3头大象为柱，象鼻卷着莲花。平台的墙壁上则雕上狮子和神鸟。可以想象，古代的吴哥王，站在象台上，举行各种公共仪式时，马队、车队、象队，鱼贯在广场上走过，而吴哥王头上戴着金色的王冠，在旁的侍女奴婢手持遮阳伞为他遮挡太阳，俨然是一副神的姿态。

胜利门（Victory Gate）

吴哥王城有5个城门，东西南北各设有城门，但在东侧城墙多了一道城门，被称为胜利门。在城门外两侧的路旁，各立有54尊石像拥抱着七头蛇，前面的石佛像代表着众神，后面的石像代表着象征妖魔鬼怪的阿修罗，城门上则有四面佛陀像，也称为"观音菩萨像"。

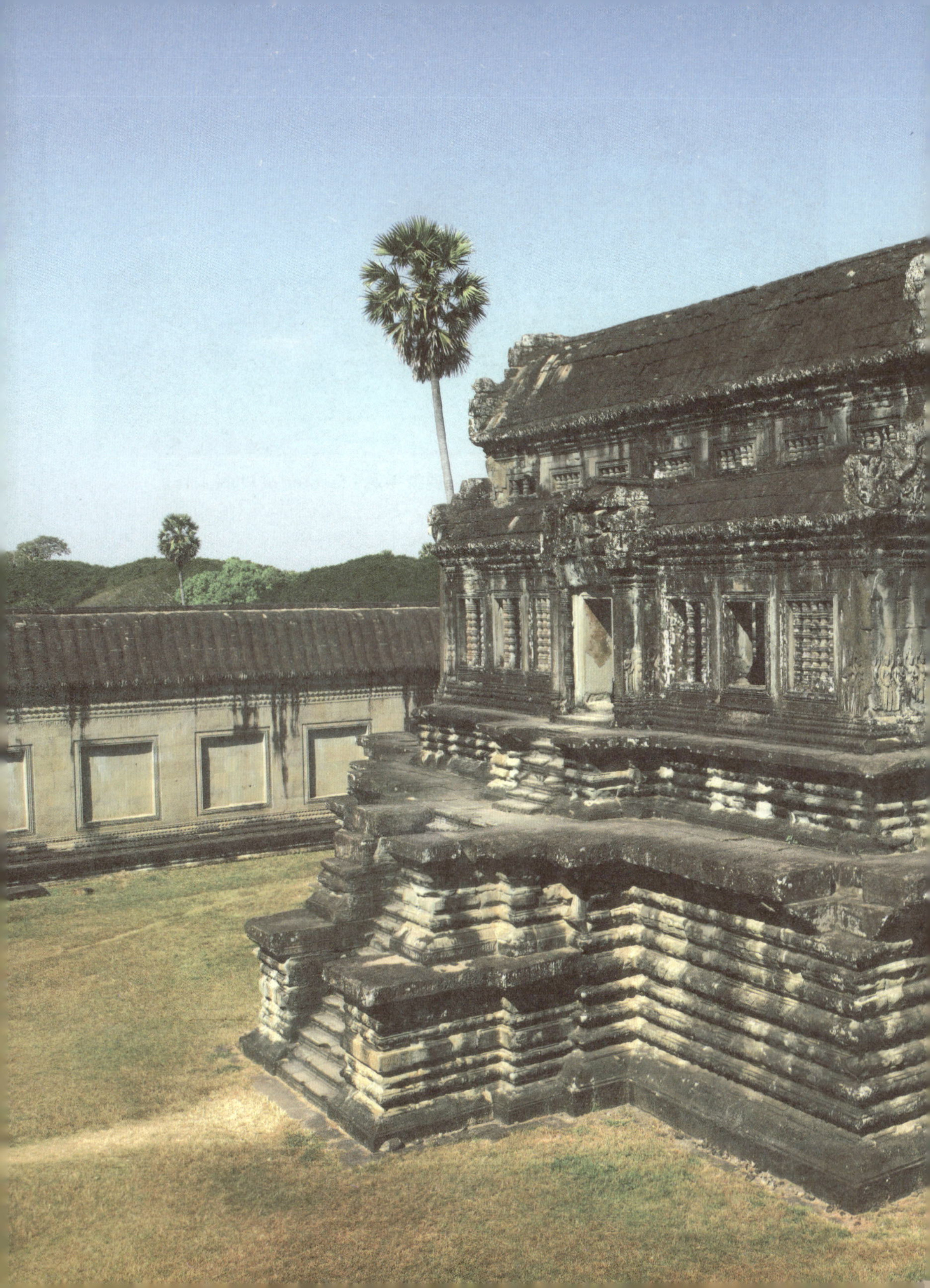

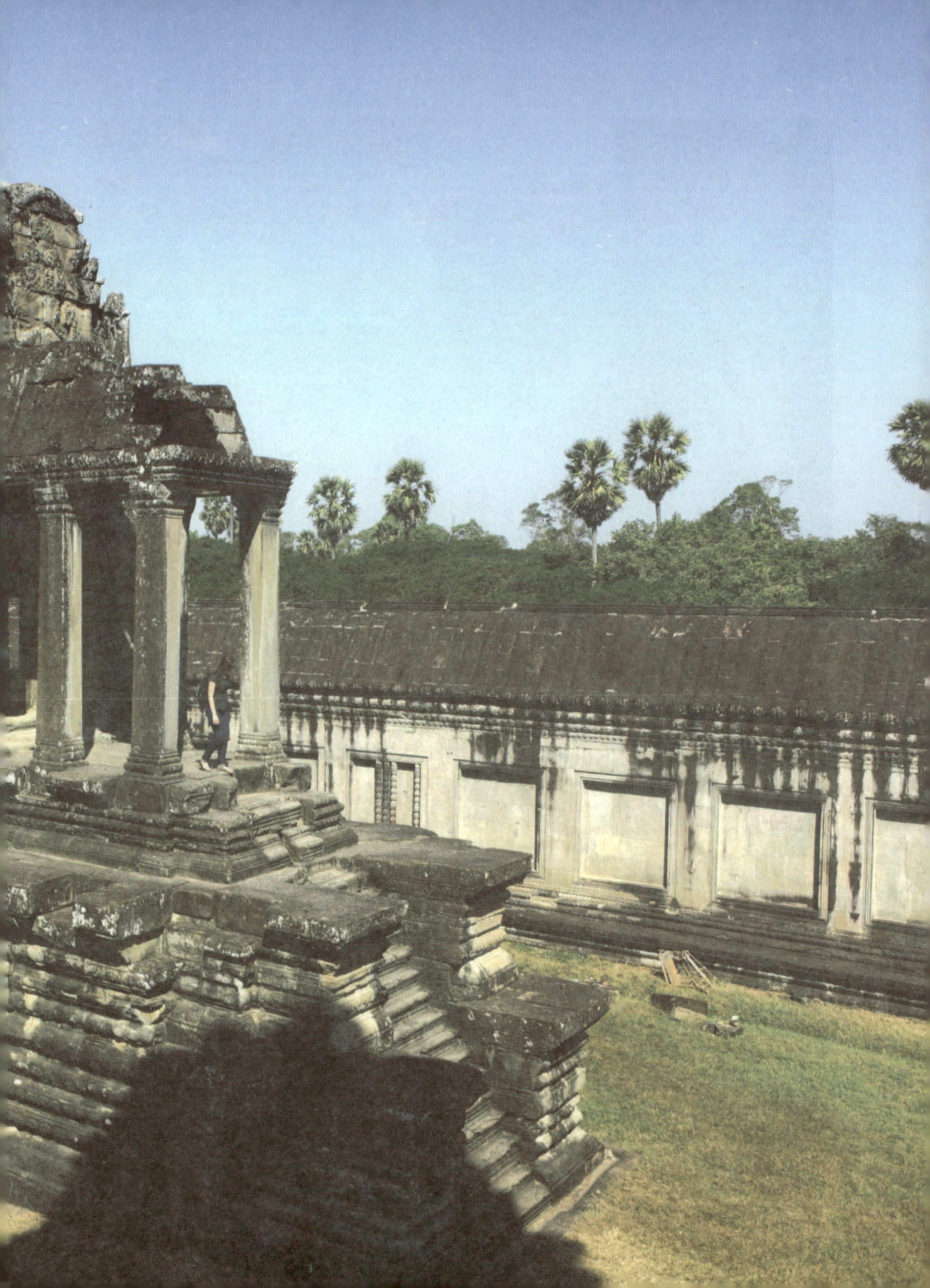

吴哥王城周边
（Around of Angkor Thom）

塔布隆寺（Ta Prohm）

塔布隆寺是吴哥遗址中的主要建筑之一，位于吴哥窟东面，是一座大型的石头堆砌而成的佛教寺庙，它和其他寺庙的不同就在于它已经被丛林所淹没，就像当初探险家们发现它时那样，当然，寺庙周边的林木已被适度清理，只有最大的古树还留在原处。

建于1186年的塔布隆寺是一座佛教寺院，据传是阇耶跋摩七世为纪念他的母亲而建造，因此也被称为母庙。那时寺中有3 000位僧侣，其中有18位高僧。

由于舍弃了神山式的结构，这里就成了热带雨林的天下：如蟒蛇般的树根爬满塔布隆寺里里外外，并深入建筑中。寺内倒塌了的石塔和围墙这一堆那一堆，挺身而立的大树东一棵西一棵，使原来规整的寺院成了迷宫。这奇特的景观是自然与人文的完美结合。这里也是电影《古墓丽影》的外景地。

19世纪法国人重新发现这里后,寺庙未被整修而保持了最初的模样,这是因为整个寺庙被一种当地人称作蛇树的卡波克树(Kapok)粗大的树根茎干盘结缠绕,粗壮得发亮的树根树茎伸到屋顶,缠上梁柱,探入石缝,裹起回廊,攀上门窗,它们无所不在,几乎与庙宇浑然一体,你中有我,我中有你。它们可能一定程度地破坏了寺庙,但肯定也一定程度地支撑了寺庙,到了今日更是再也无法将它们分开。

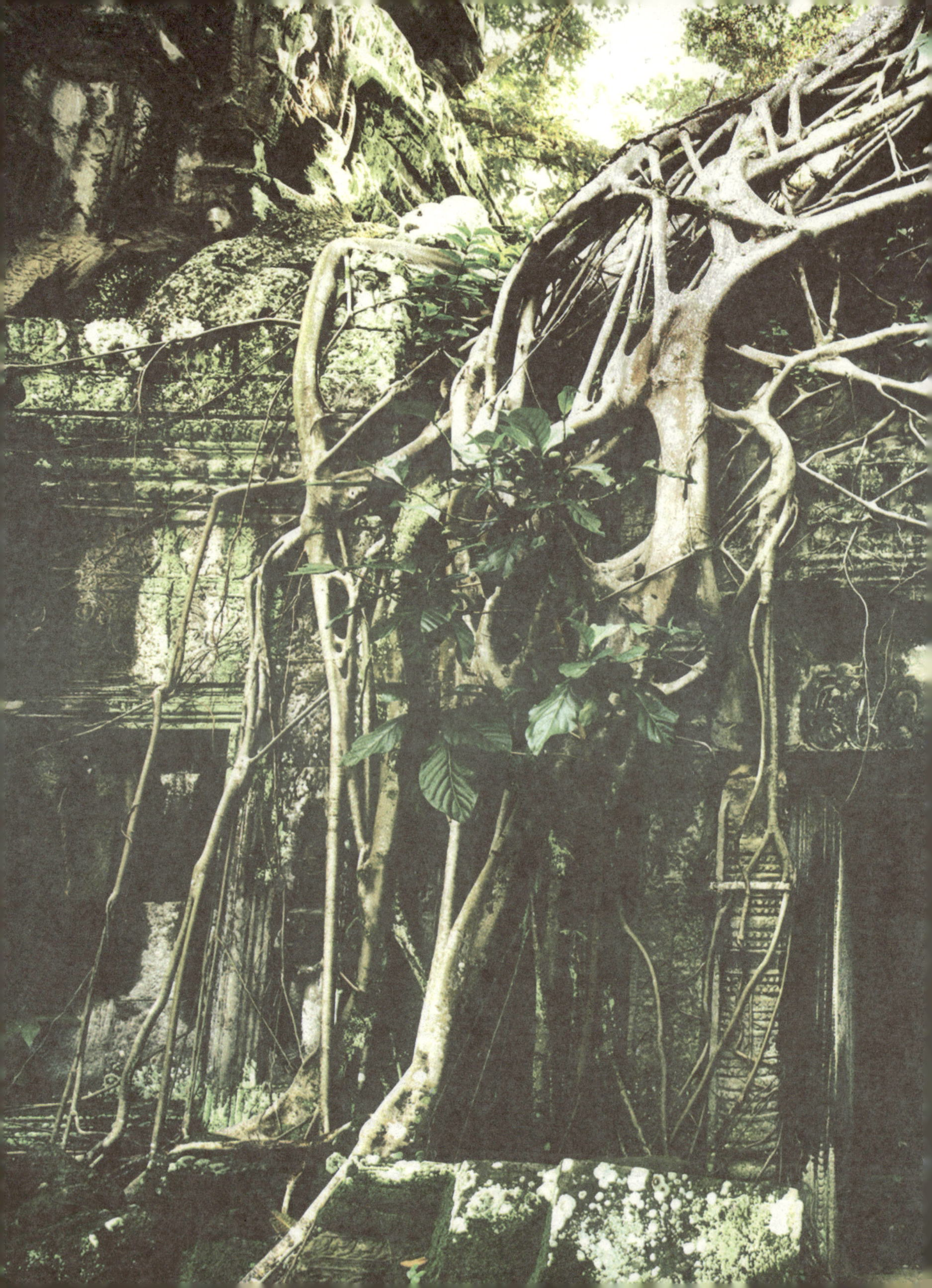

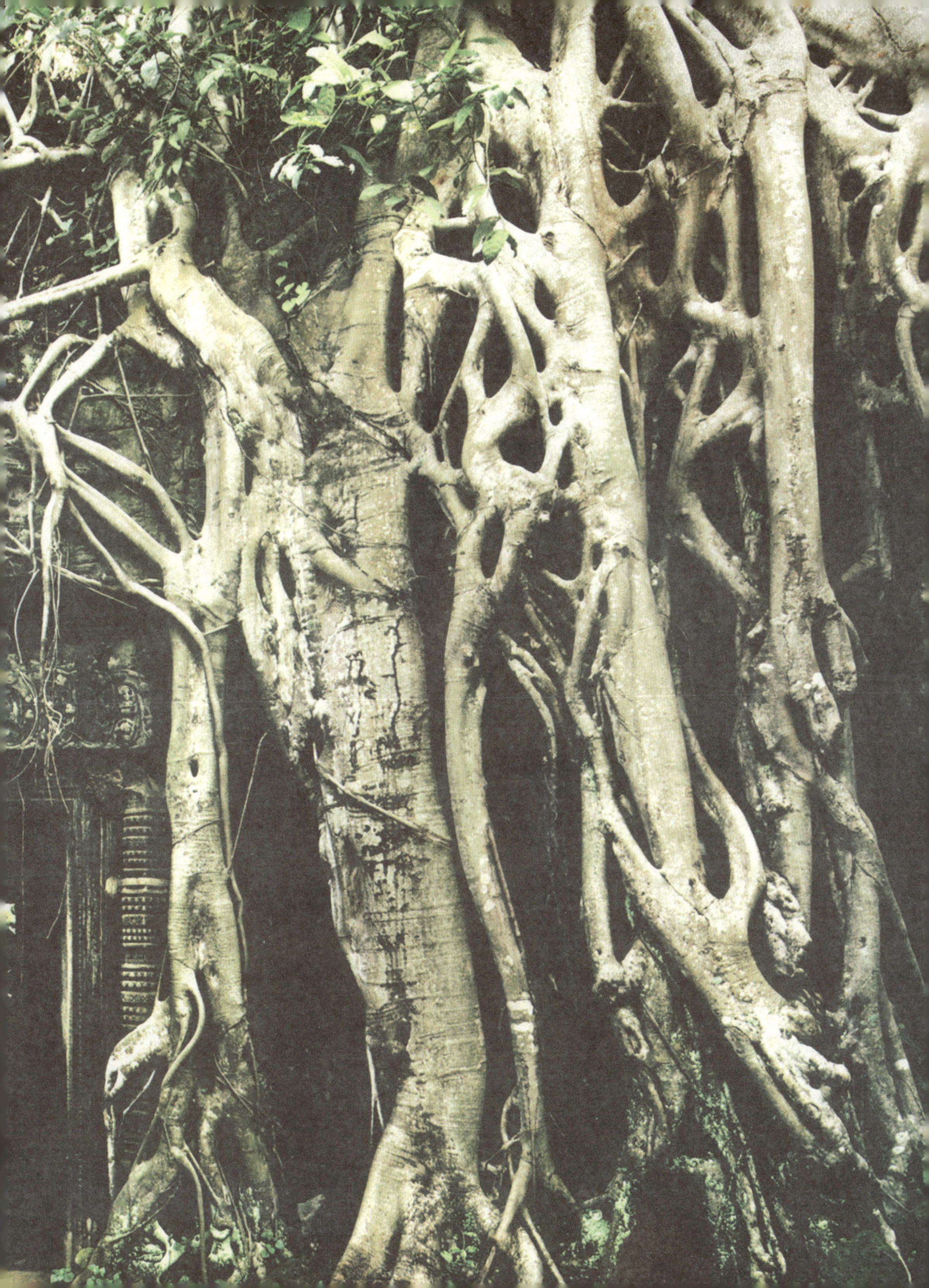

巴肯山（Phnom Bakheng）

巴肯山位于吴哥王城以南400米处，是一座高约100米的小山丘，是附近唯一的制高点。它是高棉王朝移都吴哥后建造的第一个寺庙，被称为第一次吴哥。山的西边是开阔的西池（West Baray），东南方丛林中是吴哥窟。可以骑大象上山。从这里向北可以望见泰柬边界，是看吴哥日出日落的宝地之一。

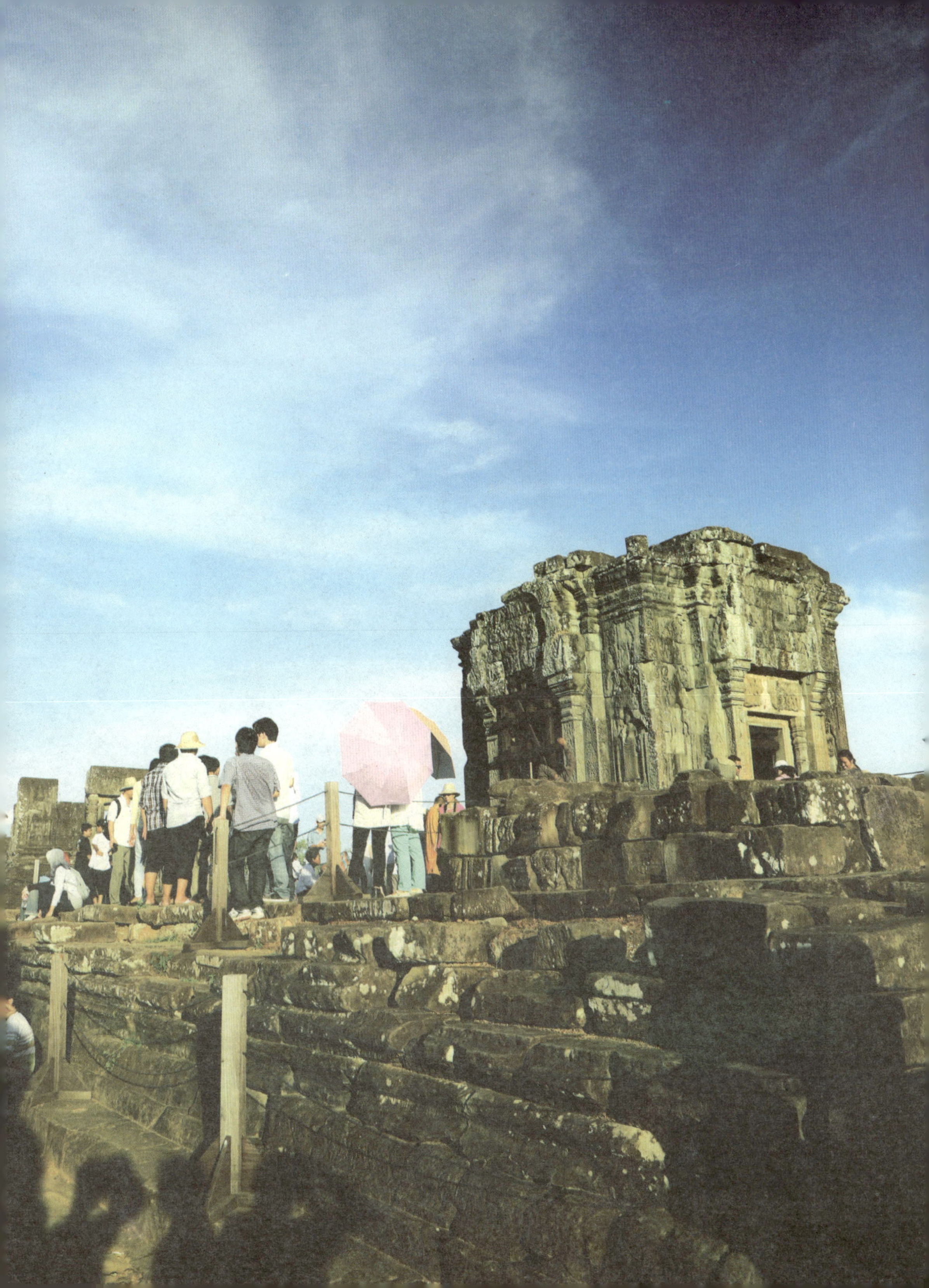

巴云寺（Baksei Chamkrong）

　　巴云寺在吴哥王城南门的西南方，是为数不多的砖结构建筑。这座寺庙面积不大，比例匀称，外墙曾经刷过石灰砂浆。巴云寺像所有的吴哥建筑一样面向东方。10世纪初，这里竖起了5尊雕像：2尊湿婆神像，1尊毗湿奴神像和2尊湿婆女神像。

豆蔻寺（Prasat Kravan）

　　建于921年的豆蔻寺（喀拉凡寺）是吴哥王城中少有的红砖雕刻建筑，共有5座塔，按照由北到南的顺序排成一排，面向东方。中央塔内有毗湿奴大型砖雕，砖头的纹理映着从塔中央透进来的阳光，泛着淡红色的古

朴气质,是超凡入圣的美神吉祥天女的神圣宝地。喀拉凡寺的浮雕精细繁复,华丽而又崇高,有戏剧性活泼生动的人物肢体动态,又能呈现细腻的心理静态艺术之美,足以与世界任何文明的雕刻艺术媲美。

如果绕到五座砖塔的东方,还可以看到地面上引道的遗址,以及残余的部分塔门;这几座砖塔在20世纪70年代被整修过,也在旧砖的基础上补进一些新的砖。新砖与旧砖的区别在于,新砖上面带有CA两个字母的标志。寺内最迷人的是砖塔内的浮雕。

柬埔寨好好玩

金边・暹粒・吴哥・西哈努克市・戈公省・贡布省・白马省・茶胶省・马德望省・菩萨省・班迭棉吉省・柏威夏省・蒙多基里省・腊塔纳基里省・桔井省・磅湛省・波萝勉省・磅同省・贡开

91

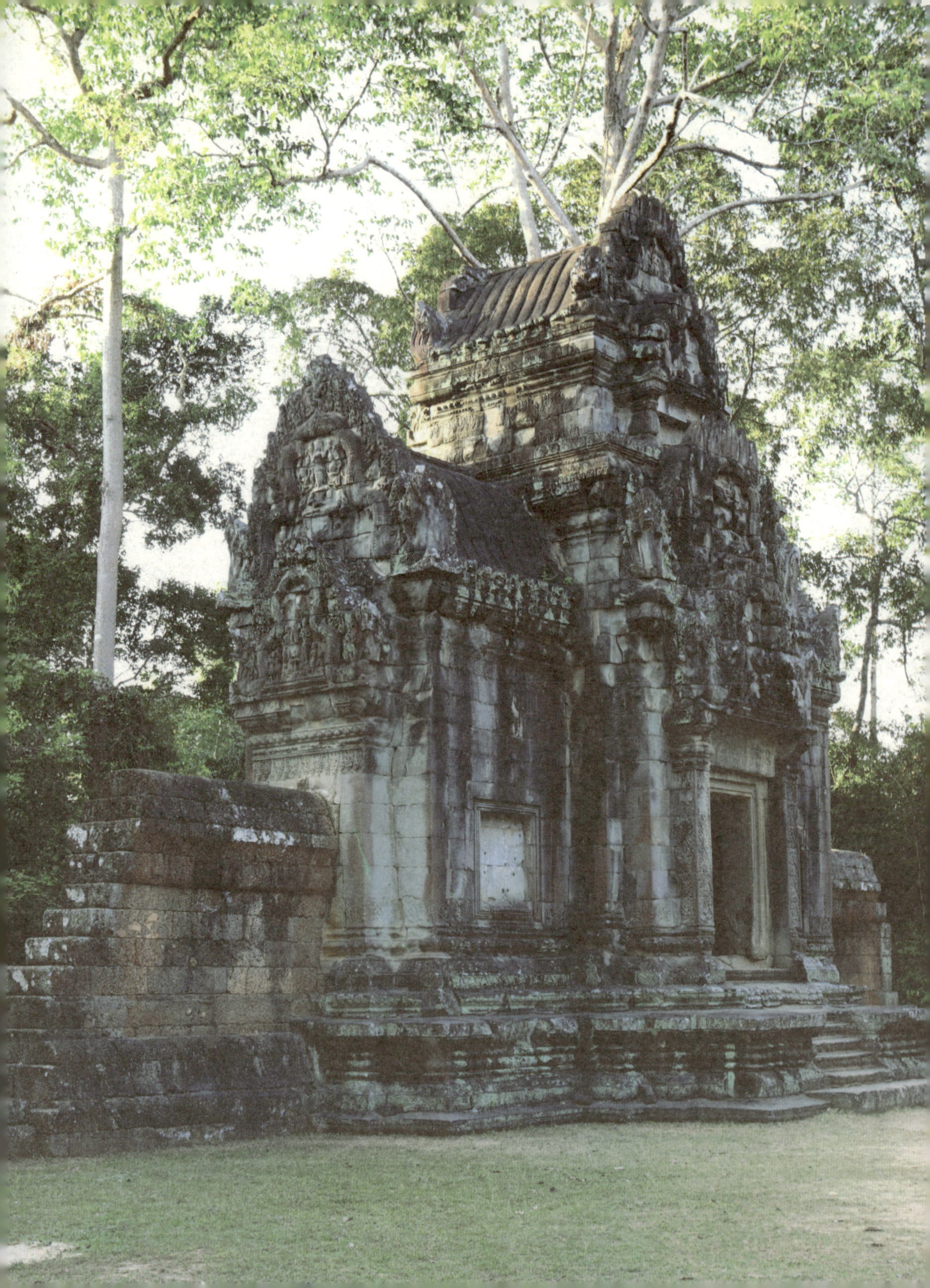

皇家浴池和班迪哥代
（Srah Srang & Banteay Kdei）

皇家浴池是举行沐浴仪式的场所。和其他大水池一样，其中央原建有一座寺庙，现在只剩了石基。建于12世纪末的班迪哥代传说是国王和皇后浴后小憩的地方，它是由砂岩建造的神庙。穿过小四面佛的门洞，没有了高高在上的神佛汇聚的殿堂，而只有亲切的回廊似的院落。幽深的回廊似迷宫般穿插着，可以很轻易地从一个门里看到重重叠叠的许多门，透过这些门，你可以看到遥远地方的景致，仿佛时空隧道一般，门的另一端就是那个世纪的繁华与永恒。

塔高寺（Takeo）

塔高寺是座未经任何修饰而且没有最终修建完成的寺庙。它是阇耶跋摩五世修建献给湿婆神的寺庙，是第一座完全使用砂岩修建而成的吴哥窟庙。中心塔的顶端高约50米，周围有4座相对较低的塔。这种呈梅状的排列在吴哥的寺庙中非常典型。至今仍无法知晓这座寺院没有修建完工的原因。

周萨神庙（Chau Say Tevoda）

周萨神庙建于12世纪上半叶，在吴哥古迹中虽然是一座规模不大的寺庙，但维修项目较多。现存9座单体建筑中除西塔门保存较好之外，其余8座建筑毁坏情况极为严重。2000年3月，中国政府无偿援助柬埔寨1 000万元用于吴哥周萨神庙的修复工程，这也是中国首次参与对外文物古迹的修复工程。

93

圣剑寺（Preah Khan）

圣剑寺是吴哥最大的寺庙之一。寺名来源于阇耶跋摩二世传继承人圣剑的传说。阇耶跋摩七世重建吴哥城时曾在此居住，这里曾经是高棉人最重视的寺庙之一，最重要的节日典礼都在这里举行，数千人供养和维护着这座寺庙。

龙蟠水池（Preah Neak Pean）

这是一座建于12世纪末的佛教寺庙，规模不大但很完美。它也是阇耶跋摩七世时代杰作。寺庙中有一座大的正方形水池，周围有4座略小的水池。在中央水池的中心有一座圆形的小岛，小岛的周围盘着两座庙，这就是其名字的由来。

这些水池曾是用来进行宗教洗礼仪式的，寺庙曾经位于一个巨大水库的中心，面积为2.7平方千米的水库曾为吴哥供水。如今这里已干涸而且杂草丛生。

塔萨寺（Ta Som）

塔萨寺位于龙蟠水池的东侧，同样也是12世纪末的佛教寺庙。寺中心毁坏严重，正在修复中。塔萨寺之所以吸引人，是因为有一棵巨大的古树完全压垮了东边的楼塔，使这里成为吴哥最适宜摄影的景点之一。

比粒寺（Pre Rup）

比粒寺为古代皇族火化变身为神而建的神殿，又称变身塔。千年前在此举行的仪式，定是达官云集，不能随便进入的。该寺是典型塔山建筑，在基座上建造砖塔。它的结构与塔萨寺很相似，因属红砖结构，在夕阳照耀下泛着暖暖的红光。加之这里视野开阔，可以看到人工湖周围漂亮的稻田，因而这里成为在吴哥看日落的最佳地点。

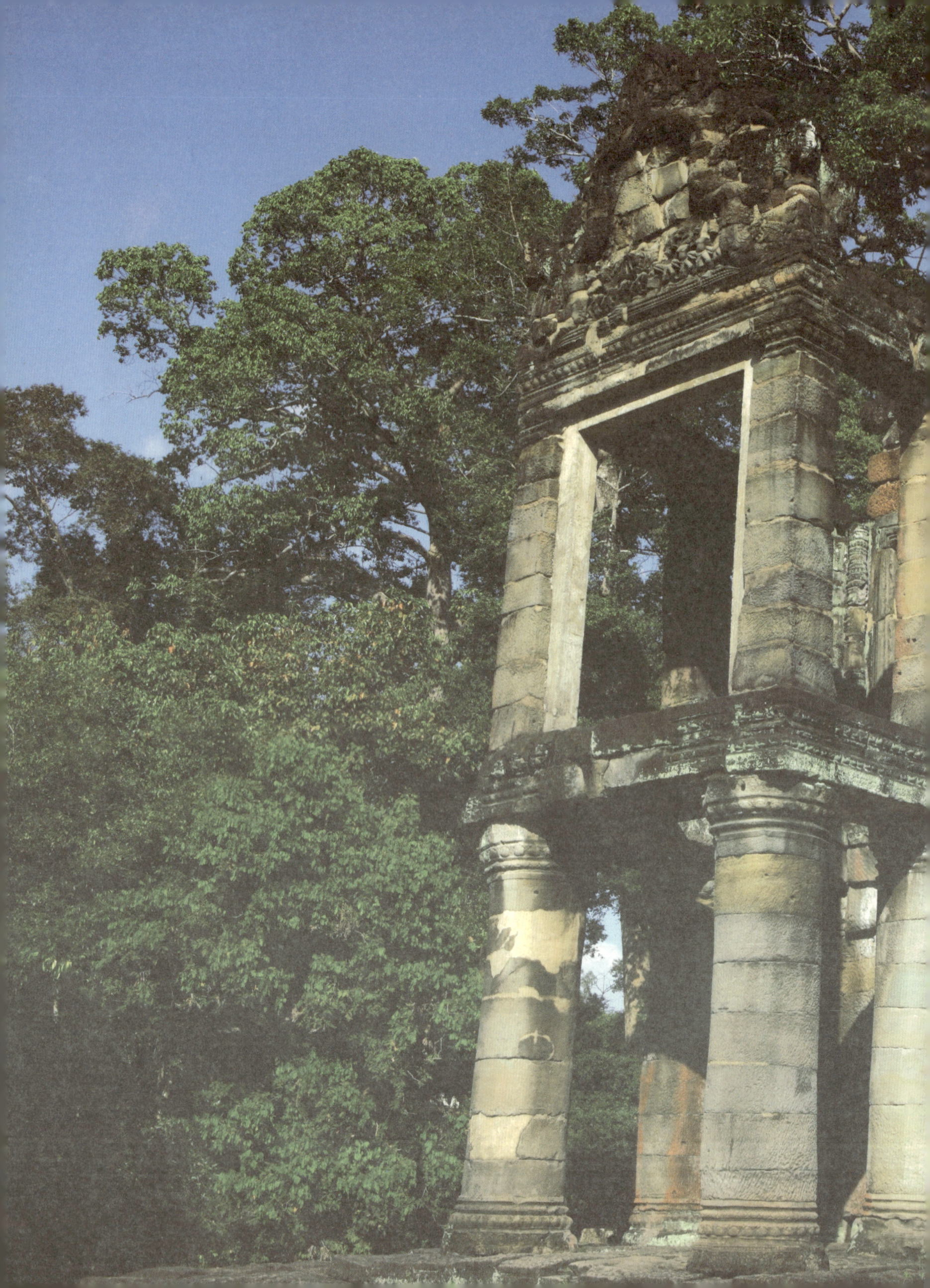

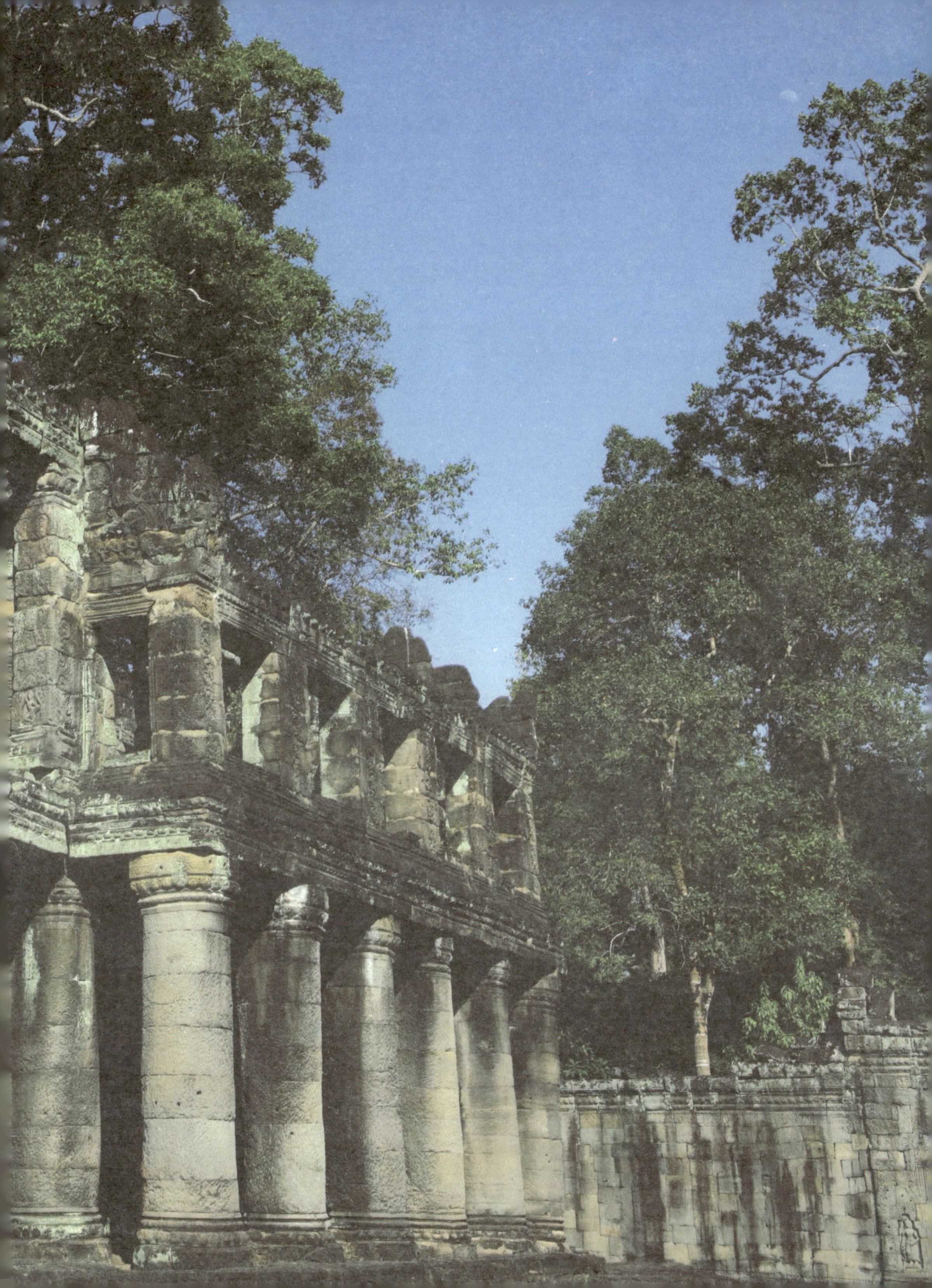

罗洛士建筑群（Roluos Group）

罗洛士建筑群建于9世纪末，被人们称为高棉艺术的开端。吴哥王朝的创立者阇耶跋摩二世曾建立了数个首都，罗洛士是他建立的第二个首都，现存巴空寺、神牛寺、洛雷寺等。

巴空寺（Bakong）

巴空寺是罗洛士建筑群里规模最大且最重要的寺庙，它曾经是城市中心的大型庙宇。

神牛寺（Preah Ko）

神牛寺是罗洛士建筑群的第二大重要建筑，该寺底座为高高的台基，上面有6座塔，每个塔上面都有梵文的篆刻。女王宫的建筑风格就是在神牛寺风格的基础上继承和发展起来的。

洛雷寺（Lolei）

洛雷寺建造在高棉历史上第一个人工池（现在是稻田）中央的一个小岛上，是阇耶跋摩一世迁都吴哥前所建的最后一个主要寺庙。

女王宫（Banteay Srei）

吴哥地区有着上千座古文明遗迹，其中有一座火红的神庙，被称为女人的城堡。原名有谋求幸福之意，当地人则因为在神庙的中央刻有许多阿帕莎拉女神像而习惯称这儿为女王宫。

女王宫建于967年，之后，它也曾被埋藏在丛林中长达数百年之久，直到1914年被一位名叫马瑞克的法国军人发现。

这座神庙，总共有三层围墙来做区隔。最外围是参道，左右各有2间小庙；走道中央第二层的外侧则是护城河；最里边一层则是T字形庙宇，而在它的前方有着两间藏经阁。

女王宫是一座印度神庙，由当时的国师亚那发哈拉和他的弟弟一起兴建完成，有别于一些国王修建的、大多是以突显权势和功绩为目的的神庙，这座神庙以其独特的优雅风貌，展现印度教的传奇神话之美。

第二道城墙的大门外依据《湿婆往生书》的记载，鲜活地刻画着湿婆之舞。信徒们深信湿婆神——也就是破坏神——是天地间最崇高的神明，而且具有毁灭、破坏、创生以及庇佑万物的能力，借着毁灭、破坏，来帮助世人创生，早日跳脱轮回之苦。顺着一层层的城墙往里面走，城门的高度一层比一层矮。最里边主庙大门高度大约只有108厘米；这是为了让信徒前往膜拜时，个个都能卑躬屈膝、弯腰而入。

建于10世纪的女王宫，充分展现了吴哥时期高超的雕刻技术，细腻而传神的刻画，表现了吴哥人民的艺术天分与对宗教的热忱。红色的石墙，生动的故事，交织出一幅幅柔美的图画，诉说着印度史诗各个章节中的故事；前人透过浮雕留下印记，即使是过了几个世纪，后代的人们都还能从中读出一二历史的痕迹。历史不朽也就是如此了。

女王宫位于巴戎寺东北部21千米处，距离暹粒大约32千米，大约需要45分钟的车程。可以乘坐摩托车到达，可以将女王宫与位于高布斯滨的林迦雕塑放在一起游览。早上到达女王宫的游人最多，中午就显得很安静，但这时也最炎热。傍晚可能是游览的最佳时间，但不要在落日之后游览。

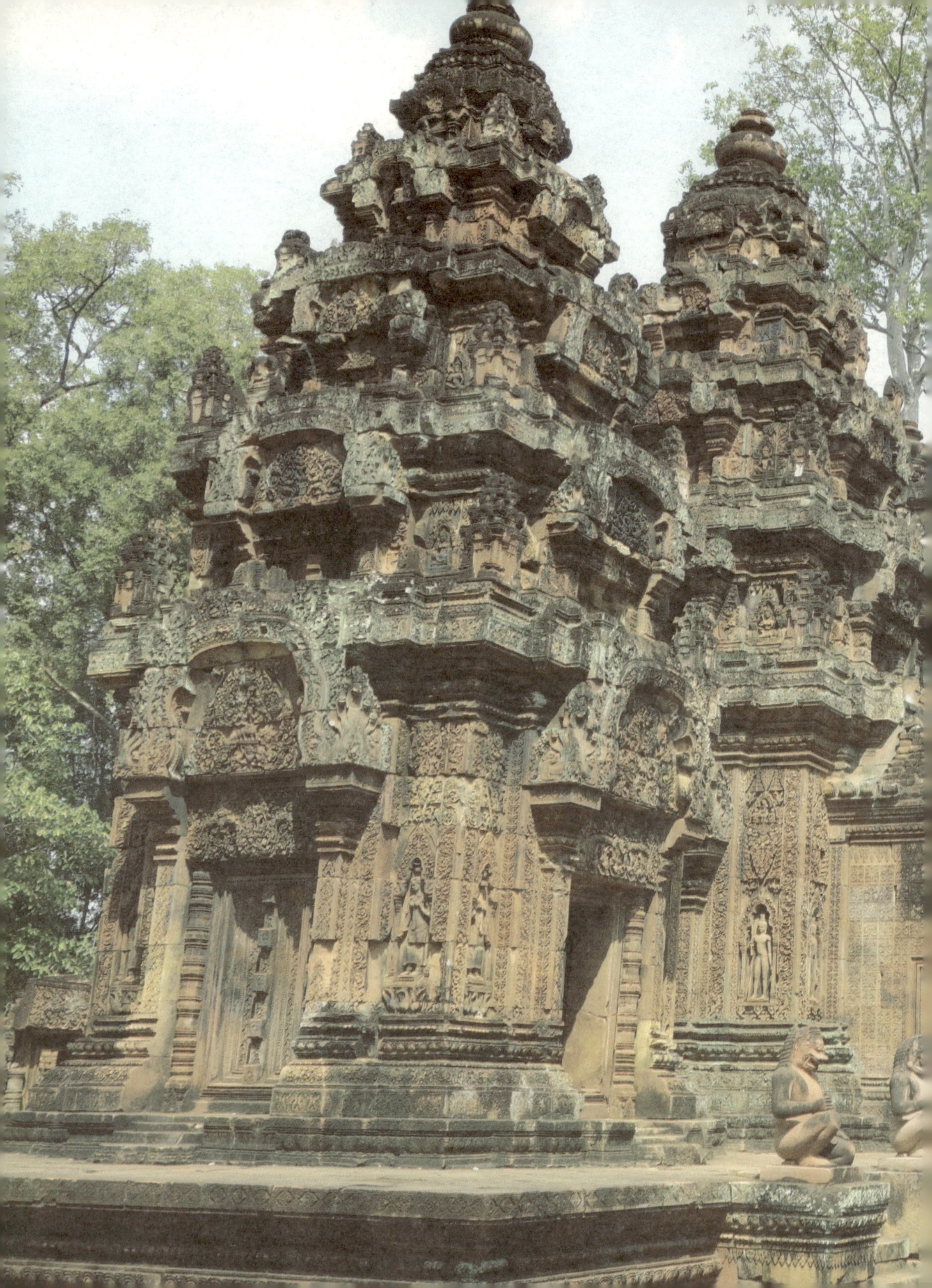

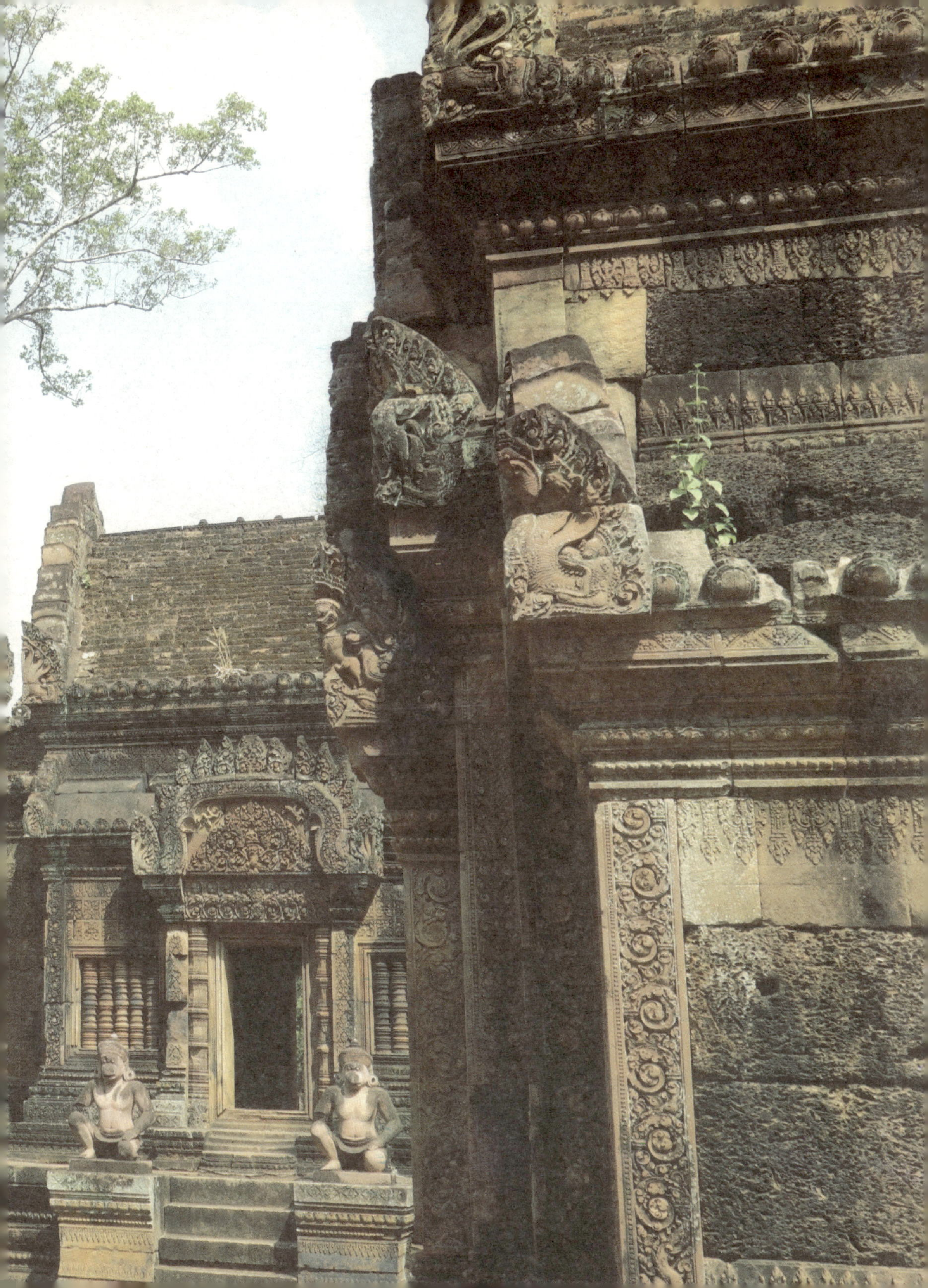

高布斯滨（Kbal Spean）

🚌 距离暹粒市 40 千米，大约需要 1 小时车程

高布斯滨建于 11—13 世纪，又称林迦雕塑。前去林迦雕塑的山路已被游客走得非常平坦，从山脚穿过原始森林去该雕塑大约需要半个小时。继续向前，可以见到河道上的雕塑，有罗摩、拉克什米和哈努曼的形象。在河的源头雕有 1 000 个林迦，意为给河水"开光"，按照婆罗门教的理念，经林迦流出来的水就是圣水了，圣水能洗掉晦气、罪恶，净化灵魂，同时让人得到神的保佑。在遗迹下面雕凿的那座澡池也不是一般的澡池，而是教徒沐浴圣水的地方，属宗教活动场所。对于高棉人来说，可能它不及荔枝山显赫，但它远离喧嚣，这里的浮雕作品保存得更加完好。

在树林中，沿途的树干上都有红色的油漆，指引正确的路径；随处都有管理人员，也可以向他们询问相关的信息。从山下走到山上，需要步行 40—50 分钟，但这里却是绝对值得前往探索的神秘之地。这里是暹粒河的发源地，有别于其他用来标榜国王丰功伟业的古迹圣地，高布斯滨则是在河床上刻满神像，以表达对信仰的极度忠诚。

荔枝山（Phnom Kulen）
🏠 位于暹粒市北 40 千米处

荔枝山原名八角山，海拔 470 米，中国元朝使节周达观来此游览之时，将携带的荔枝种子撒于山上，后成长为大片的荔枝林，故改名荔枝山。从山脚沿弯曲的小道向上行走 45 分钟后，能见到圣塔和喷泉，从这里到山顶还需约 45 分钟。

奔密列（Beng Mealea）
🚌 位于巴戎寺东大约 40 千米处，道路崎岖

奔密列建于 12 世纪，它是吴哥遗迹群中最值得去，同时也是最难前往的遗迹。奔密列的护城河长 1.2 千米，宽 0.9 千米，它和吴哥窟几乎规模一样大，但依然被丛林严密包裹着。由于比较荒僻，所以很多浮雕和塑像已被损毁，但寺庙的神秘气氛仍旧在森林深处弥漫。

TIPS

游客到此参观的最佳时间是 7:00-16:00，这段时间日照充足，可以避免发生危险。山上仍然有毒蛇和其他野生动物，它们会在没有阳光时出来活动；同时，光线不够，人也容易迷路。

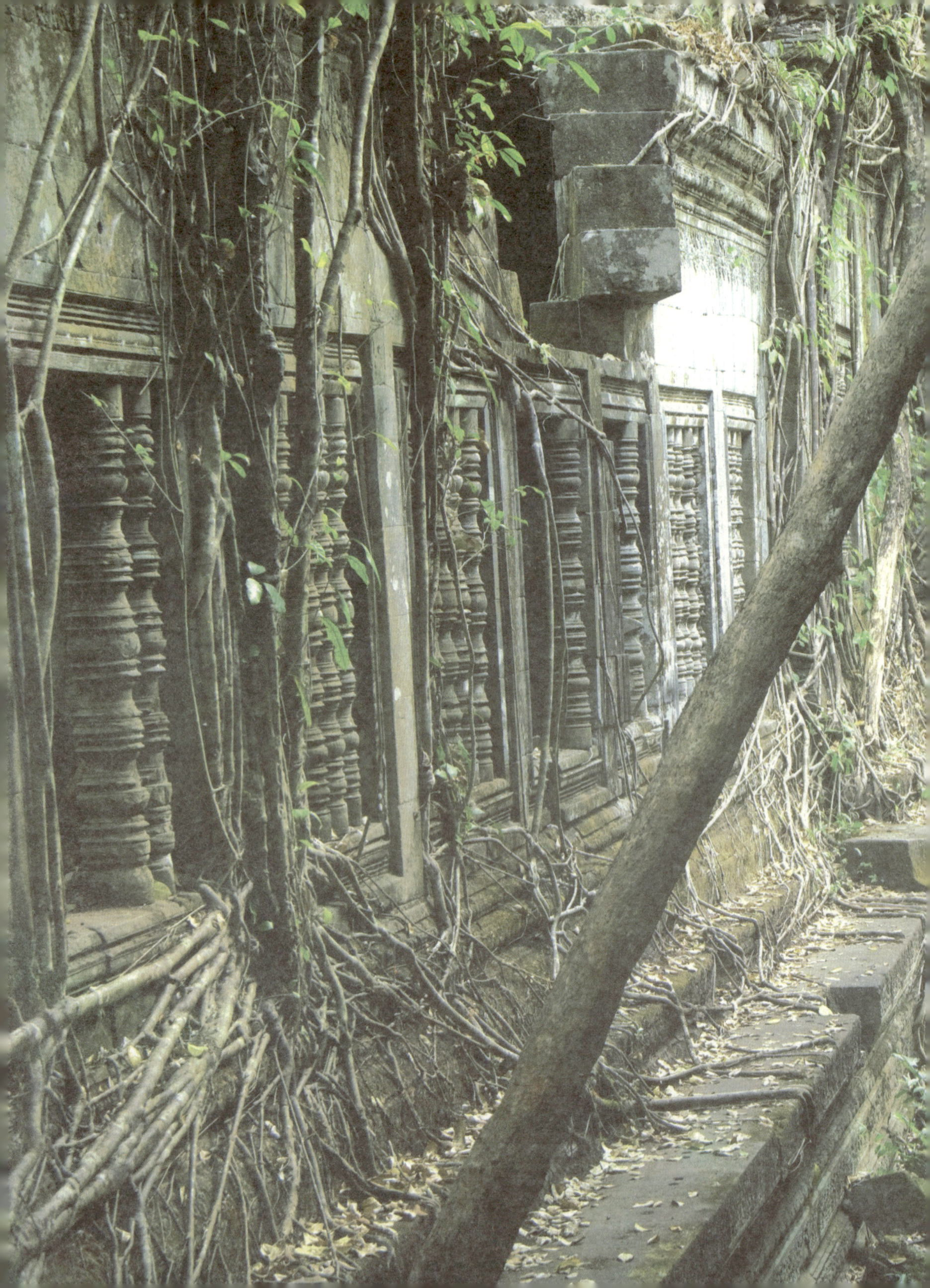

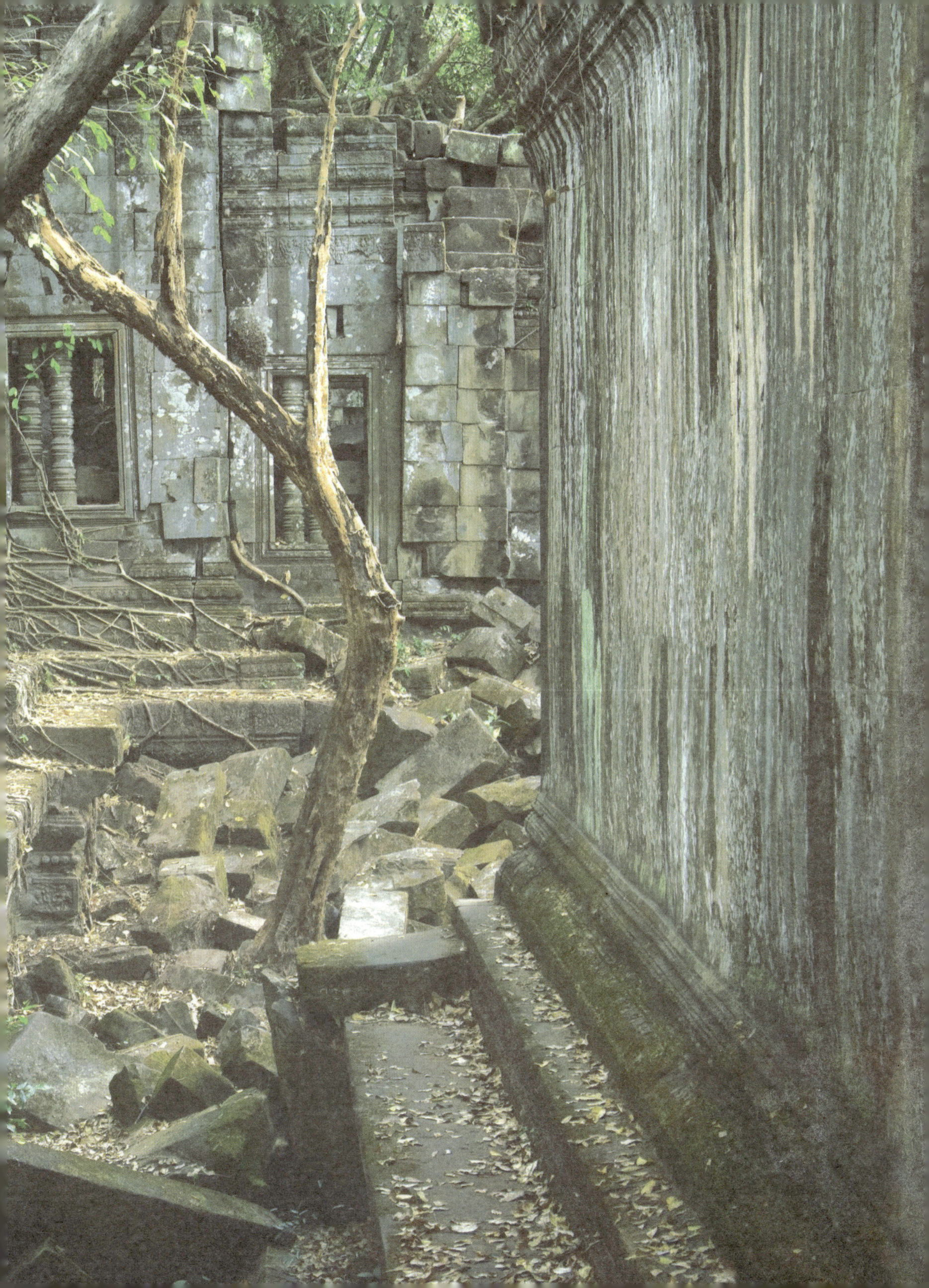

超惠游 柬埔寨

西哈努克市

西哈努克市是柬埔寨最大的海港，也是人们度假的热门选择。它最迷人之处就是环抱着西哈努克海岬的四片海滩，附近的利阿国家公园内的海滩和奥特海滩和众多的海中岛屿又为这片热闹的地方增添了些探险的空间。

从金边坐车4小时即可抵达西哈努克市。因为滨海的关系，这里实际气温反而没有北部的暹粒和中部的金边高。西哈努克市最出名的海滩叫奥彻蒂尔海滩（Occheuteal），由于位于柬埔寨的西南部，在这里基本上无法看到海上日出，但美丽的日落足以弥补看不到日出的遗憾。伴随着日落，海面上的波涛逐渐变大，远处星星点点的渔火逐渐显现，别有一番风味。

20世纪50年代末，柬埔寨在这儿建成了全国第一深水海港，并以国王的名字为其命名。在美国的资助下，铺就了连接西哈努克市和金边的国家4号公路。20世纪60年代，各地游客纷纷而至，与旅游相关的设施日趋完善。20世纪70年代，西哈努克国王被推翻，城市改名为Kompong Som。1993年，该市再次恢复使用西哈努克这个名字。

欧特斯海滩
（Otres Beach）

免费

🏠 位于奥克提尔海滩的南部　🚌 从市区乘嘟嘟车可达

　　这里的游客比城内其他海滩少。环抱着一个小海岬，完美而空旷的白色细软沙滩一眼望不到边际。可以沿着奥彻蒂尔海滩后面的路一直向前走，在路口向左转，就可以看到环绕着海岬的欧特斯海滩。

柬埔寨好好玩　·金边　·暹粒　·吴哥　·西哈努克市　·戈公省　·贡布省　·白马省　·茶胶省　·马德望省　·菩萨省　·班迭棉吉省　·柏威夏省　·蒙多基里省　·腊塔纳基里省　·桔井省　·磅湛省　·波萝勉省　·磅同省　·贡开

107

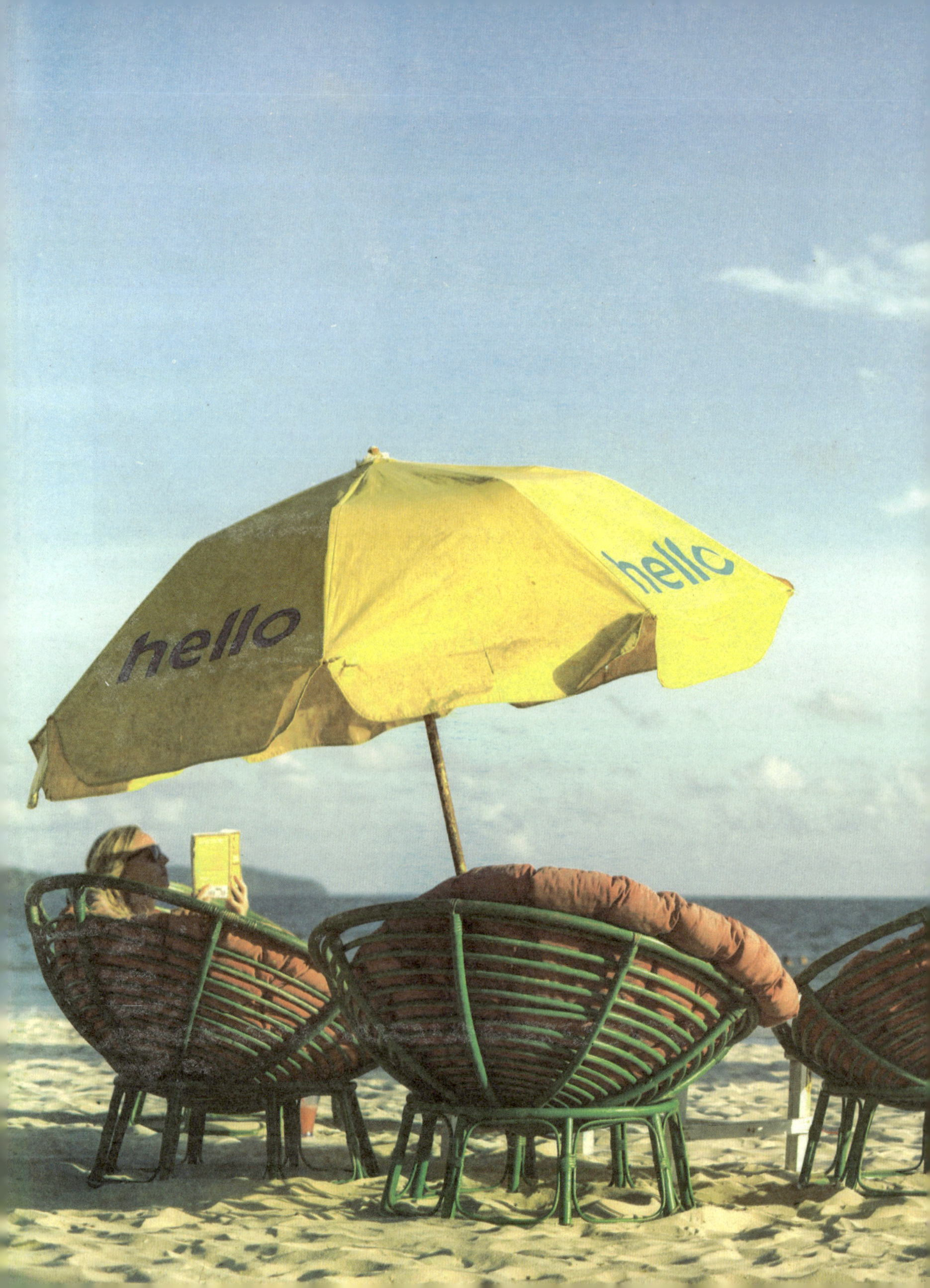
hello
hello

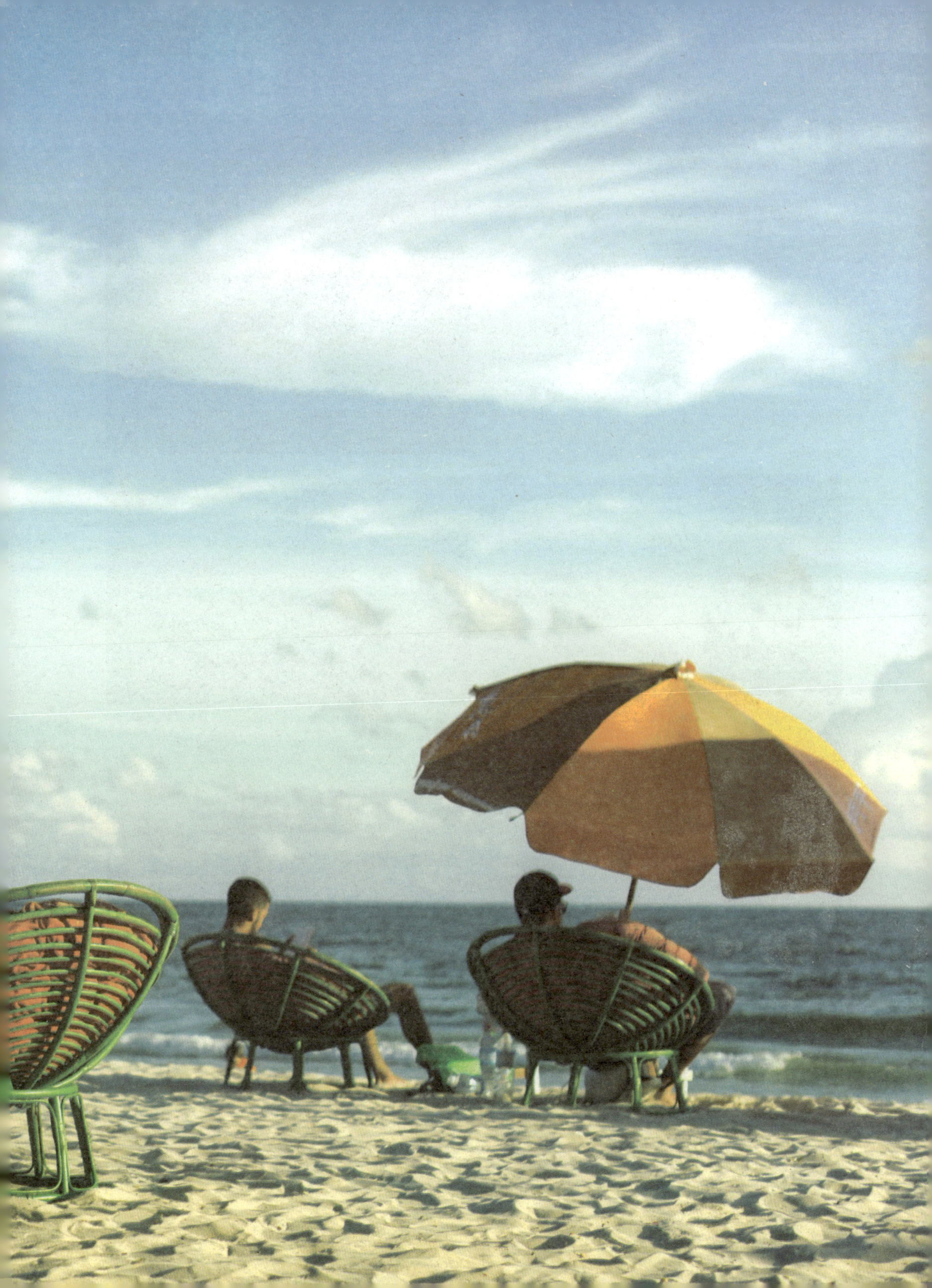

胜利海滩
（Victory Beach） **免费**

🏠 位于西哈努克市的西北角 🚖 从市区乘嘟嘟车可达

　　这里最初曾经是背包客的聚集地。其实在所有海滩中，胜利海滩根本称不上是最好的。从胜利海滩一直向南可以到达 Lamherkay 海滩，Lamherkay 又名夏威夷海滩，这里有一家有点历史的旅馆。再向南，在西哈努克市最西端是小小的 Koh Pos 海滩。这片海滩漂亮而且有点气势。

索卡海滩
(Sokha Beach)

免费

🏠 Sokha Beach, Krong Preah Sihanouk
🚗 从市区乘嘟嘟车可达

　　索卡海滩是西哈努克市最受人喜爱的漂亮海滩，可惜这里的大片区域已归私人所有，属于大型度假村 Sokha Beach Resort，游客所能自由享受的海滩已经不多，只有海滩的东端对游客开放。

奥彻蒂尔海滩和赛兰迪皮提海滩
（Ochheuteal & Serendipity）

免费

🏠 Mithona Street, Sihanoukville 18000, Cambodia 🚌 从市区乘嘟嘟车可达

　　奥彻蒂尔海滩地形狭长，沙质细白，比胜利海滩更为悠闲。附近有餐馆、酒吧，沿岸排列着草编遮阳伞和可租借的沙滩椅供度假的人们使用，有些酒吧还可以免费住宿，当然条件非常简陋。而赛兰迪皮提海滩则是新开发的背包客避风港。

科保柴瀑布
(Kbal Chhay Waterfall) 免费

这是影片《蟒蛇之子》的外景地，而这部电影是柬埔寨战后最成功的影片，在柬埔寨广受欢迎，所以也使得这里声名远扬。科保柴瀑布虽然没有戈公的瀑布壮观，但却非常迷人。这里离市中心17千米，乘坐摩的大约需要4美元。

钓鱼港
(Fishing Port) 免费

港口以北2千米处是拍摄日出和日落的最佳目的地，沿海岸前行20千米有一座名叫Stung Hau 的小城，充满柬埔寨式的渔家生活气息。

瓜隆岛
(Koh Rong) 免费

🚌 在西哈努克港口有很多旅行社提供瓜隆岛一日出海游，乘坐游轮前往，船程约30分钟

瓜隆岛总面积约78平方千米，是亚洲首个环保型度假岛屿，位于泰国湾东北部。瓜隆岛数十年来与世隔绝，拥有天然质朴的自然景观，包括珊瑚礁、热带棕榈林、热带雨林、瀑布、波光粼粼的湛蓝水域和28个纯白沙滩，其中以一个延绵6千米的沙滩最为壮观。这座呈哑铃形的岛屿，人口目前维持在1 500人左右，皆为渔民，分布于4个渔村，以前只有冒险旅游者偶尔到访。现在，瓜隆岛终于被开发成了顶级的旅游胜地。

113

空戎岛和空戎鲑鱼岛
（Koh Rong & Koh Rong Salmon Island）

免费

🚌 从西哈努克港乘船约 4 小时可到达

离岸较近的岛屿多数较小而且岩石众多，是练习潜水的好地方。较远有两座岛屿，空戎岛和空戎鲑鱼岛，四周有空旷而美丽的海滩，最为难得的是还有新鲜的水源。空戎岛的西南部海岸有一片非常棒的海滩，绵延数里，一片宁静。空戎鲑鱼岛有一个心形的海湾，这里产各种贝类，其北海岸的沙滩极佳。这两个岛屿很有可能会成为未来的旅游热点。西哈努克市以南的地区也有一些岛屿，但面积都不大。

利阿国家公园
（Ream National Park）

🚌 在市内乘摩的花上 2 美元可以到达公园总部。也可以乘出租车到达。如果想省心，可以与护林员或是市内的旅馆联系，他们会安排全部的行程

💴 四人船的费用是 25 美元。雇请护林员收费 5 美元

位于市中心以东 13 千米处的利阿国家公园也被称为西哈努克国家公园，建于 1993 年。这是一座占地面积 210 平方千米的保护区。乘船穿越保护区可以说是一次探险的旅程，沿着河流可以到达一些原始状态的海滩。途中能看到很多的野生动物，甚至包括海豚和小鲸鱼，还有大量色彩斑斓的蝴蝶。西哈努克市的一些旅店可以安排游览。

TIPS

潜水

　　潜水应该是到西哈努克市旅行最不可或缺的一部分。西哈努克港周围环绕着上百座小岛，大部分都无人居住，也从未被开发过，这些岛屿的四周遍布着珊瑚礁和色彩斑斓的海洋植被，再加上西哈努克港又是个天然的浅水海滩，因此，来这里潜水和探险是个非常不错的选择。从西哈努克港租船出海的费用大约是10美元/天/人，一天时间能游览3～4个海岛。大部分的旅馆和餐厅都可以提供出海的预订服务，并免费提供各类浮潜的工具。如果希望进行特殊的潜水训练，当地有几家不错的潜水训练俱乐部可供选择。

出海游

　　来到西哈努克市一定要抽出一两天体验一下蓝天白云下的惬意，选择一个或几个周边岛屿，好好放松一下。有包含竹岛在内的3个小岛一日游，也有最新开发的度假岛屿一日游。如果你只有一天时间，特别推荐瓜隆岛，这里有天然未遭受破坏的自然环境、湛蓝的海水和细软的白沙滩。在树屋里小憩，甩掉所有烦恼。

　　在港口有很多旅行社提供邮轮出海的服务，前往瓜隆岛会途经小岛Koh Kaong Kang，在这里会停留40分钟，可以选择在海里浮潜、游泳，也可以体验从3层的船舷上跃入海中的快感；然后抵达瓜隆岛，会停留约3小时，此时可以尽情地享受海水的清凉，清新的空气。运气好的话，还可以看到海豚。

　　返回西哈努克港口的时候，正好会遇上夕阳西下，橘红的光芒点亮了波光粼粼的海水。

◎ 9:00-16:30　¥ 25美元/人，含早午餐

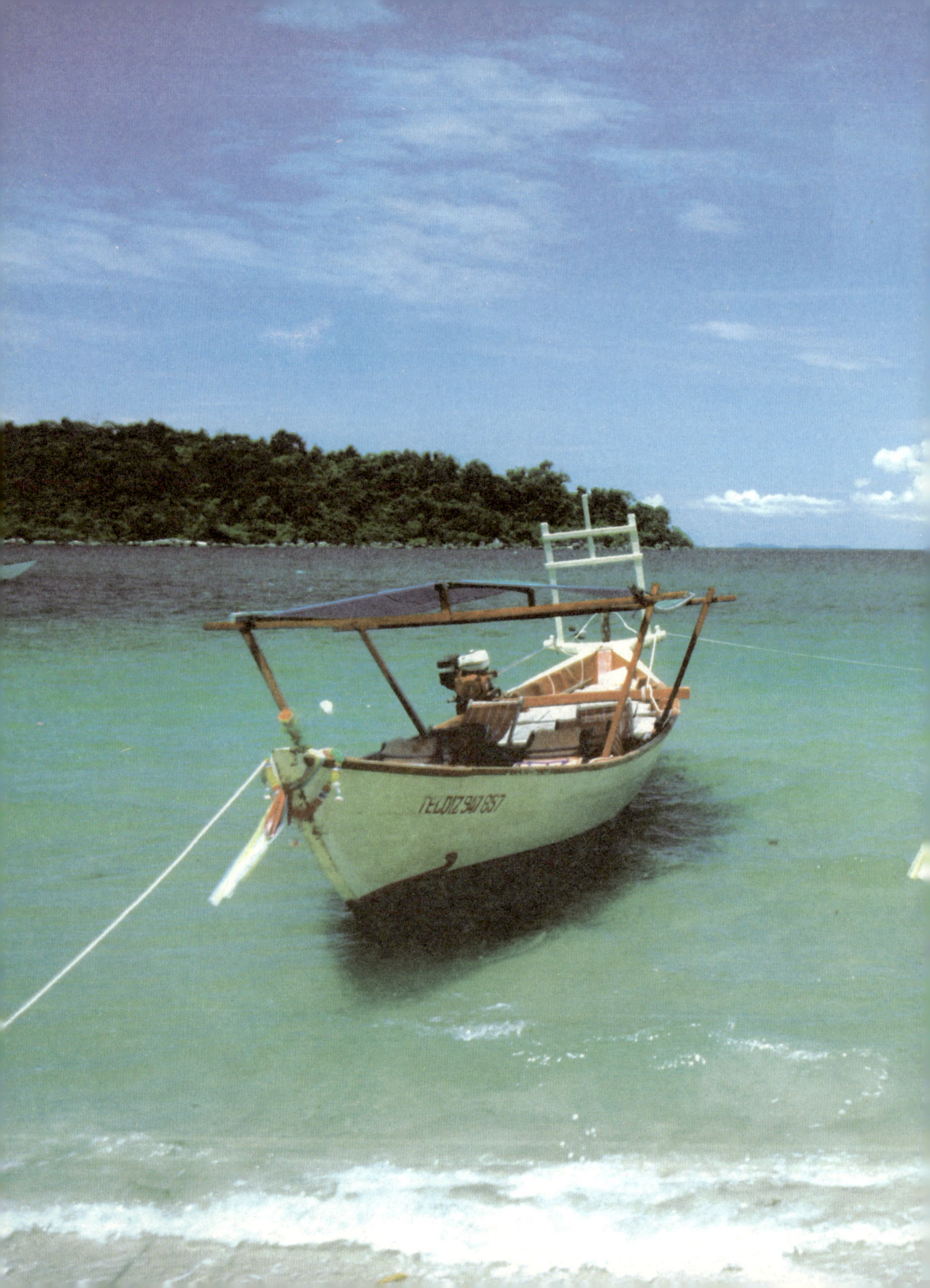

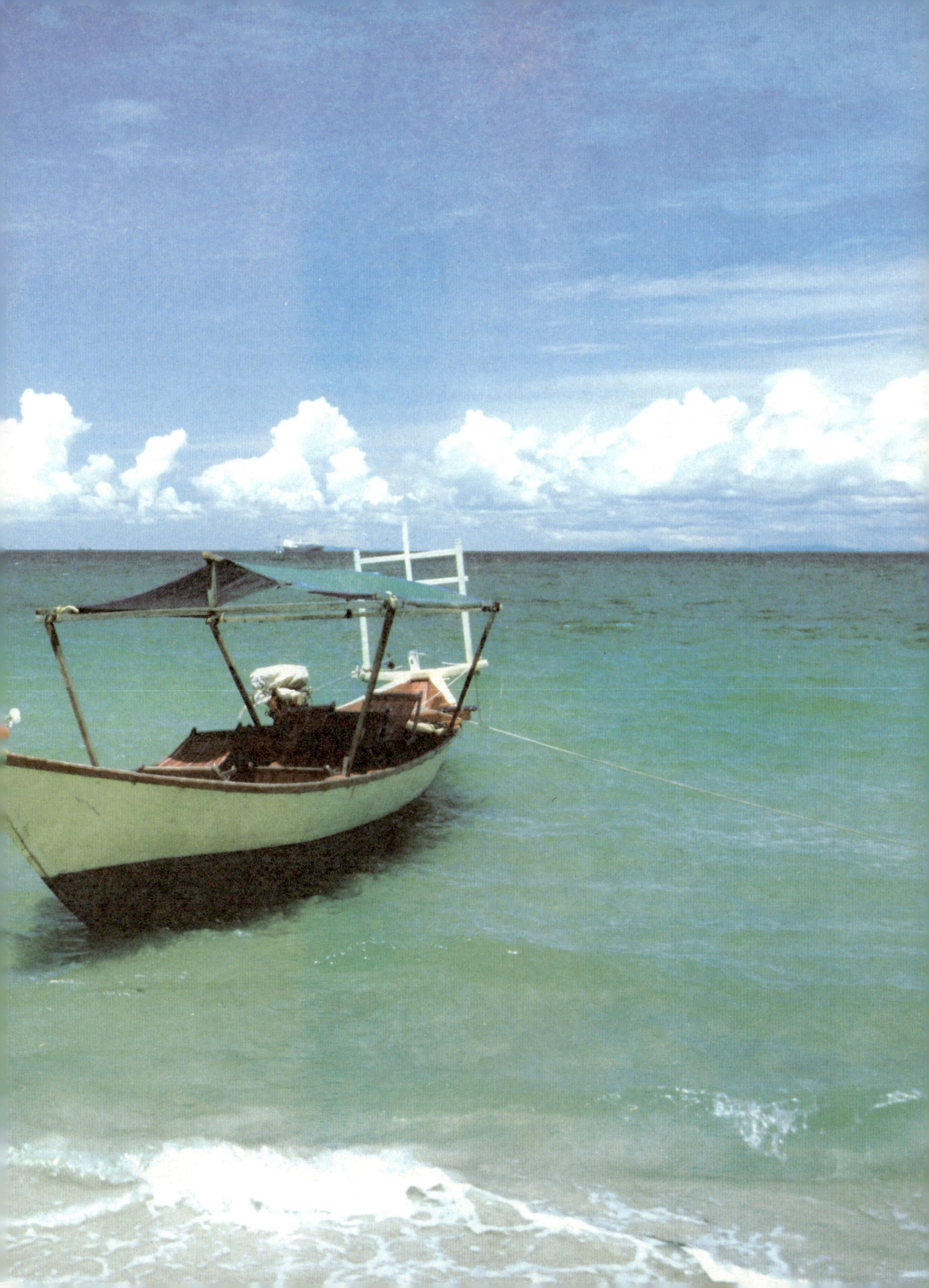

戈公省

戈公省的人口密度是每平方千米11.8人，是一个地广人稀的省份，而且多数人都生活在海边，因而其山区依然保持着原生态，这是一个还没有被传统意义上的旅游业所开发的地方，一切都在自由的空气里自由生存。开发的好处是会带来便捷，不开发的好处是保留了人迹罕至的安静，还有旅行最为重要的探寻的乐趣。

塔太瀑布
（Tarai Waterfall）

免费

🚌 沿着通向斯里安布的公路就可以到达，瀑布离主路约1千米的路程

　　塔太瀑布是一条极为壮观的瀑布，每逢雨季，在葱翠的峡谷之中，有约4米高的水流从半空倾泻而下，冲击之声响彻山谷。旱季时，人们则可以走进缓流之中，别有一番情趣。

Koh Poi 瀑布

免费

🚌 在戈公乘船可以游览这条瀑布，费用在0.2～0.25美元

　　Koh Poi 瀑布的壮观程度仅次于塔太瀑布，它位于河的另外一条支流上。旱季时可以沿水流而上，专业点的人士可以在这里玩溪降或是攀岩。

Chheang Peal Rong 瀑布

免费

🚌 在金边有开往斯里安布的小巴车，约1.5美元。出租车大约需要15美元

　　斯里安布位于戈公省南部一个河口的上游，有点像一个走私港。这里最吸引人的是在斯里安布以北大约10千米处的 Chheang Peal Rong 瀑布，据说 Chheang Peal Rong 瀑布是柬埔寨境内最壮观的瀑布之一，一共有5条15～30米的水流，形态各异却又相互关联，在巨石与悬崖之间肆意冲击。这里是豆蔻山脉的起点，荒野里很可能藏着鳄鱼，所以需要小心。

TIPS

海滩出游

　　戈公附近有不少未开发的海滩。其中一处位于河与海的交汇处，在城市以南几千米，这里有脚踏船和小艇出租，可以尽情在水中嬉戏。较远处也有一处迷人的海滩，可用来度假休闲，只是离市区略远，租船到达的费用需要讨价还价。

欣赏瀑布

　　从戈公逆流而上沿途会有很多瀑布，水质纯净，人烟稀少，绝对的纯天然风情。

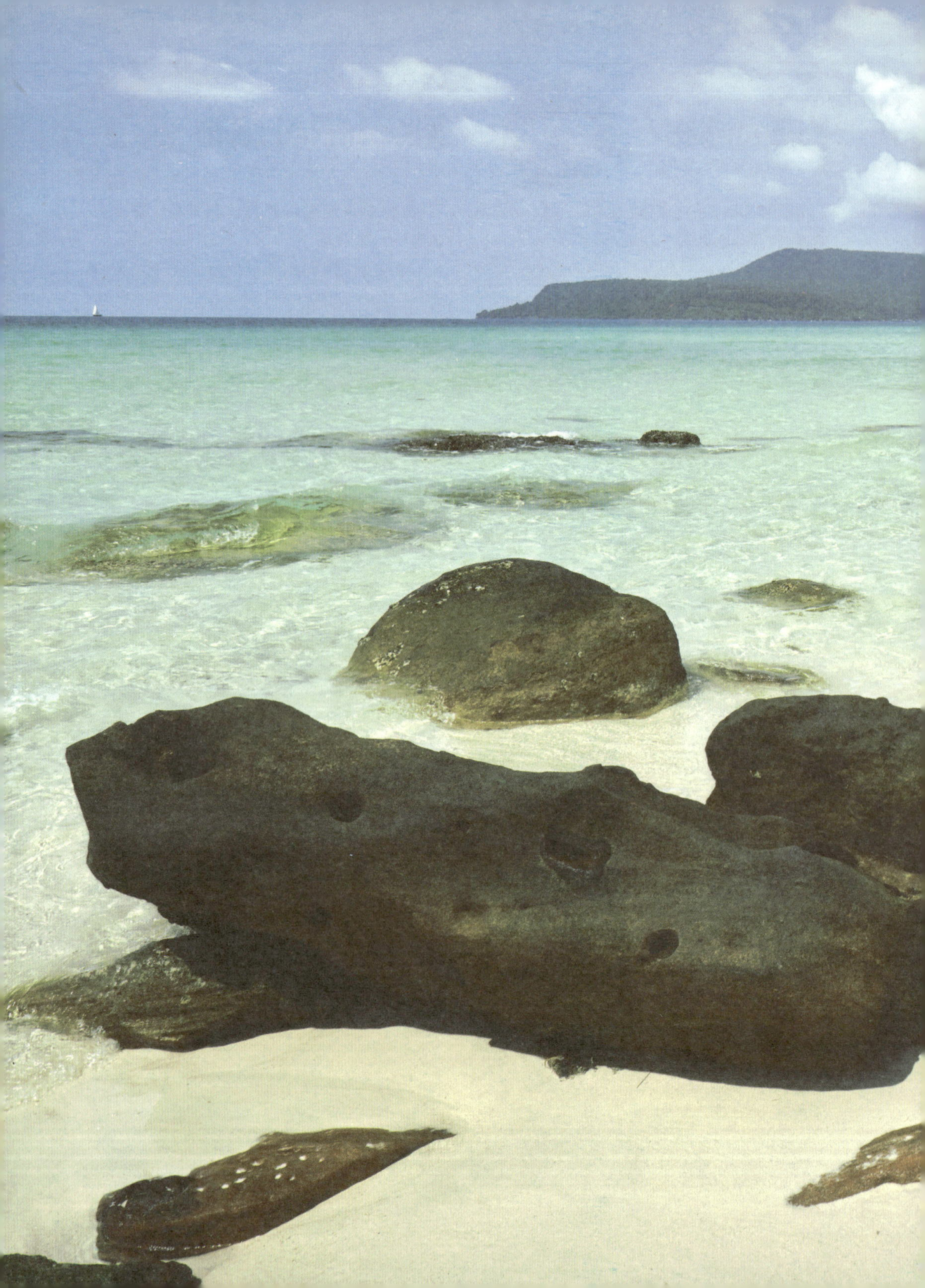

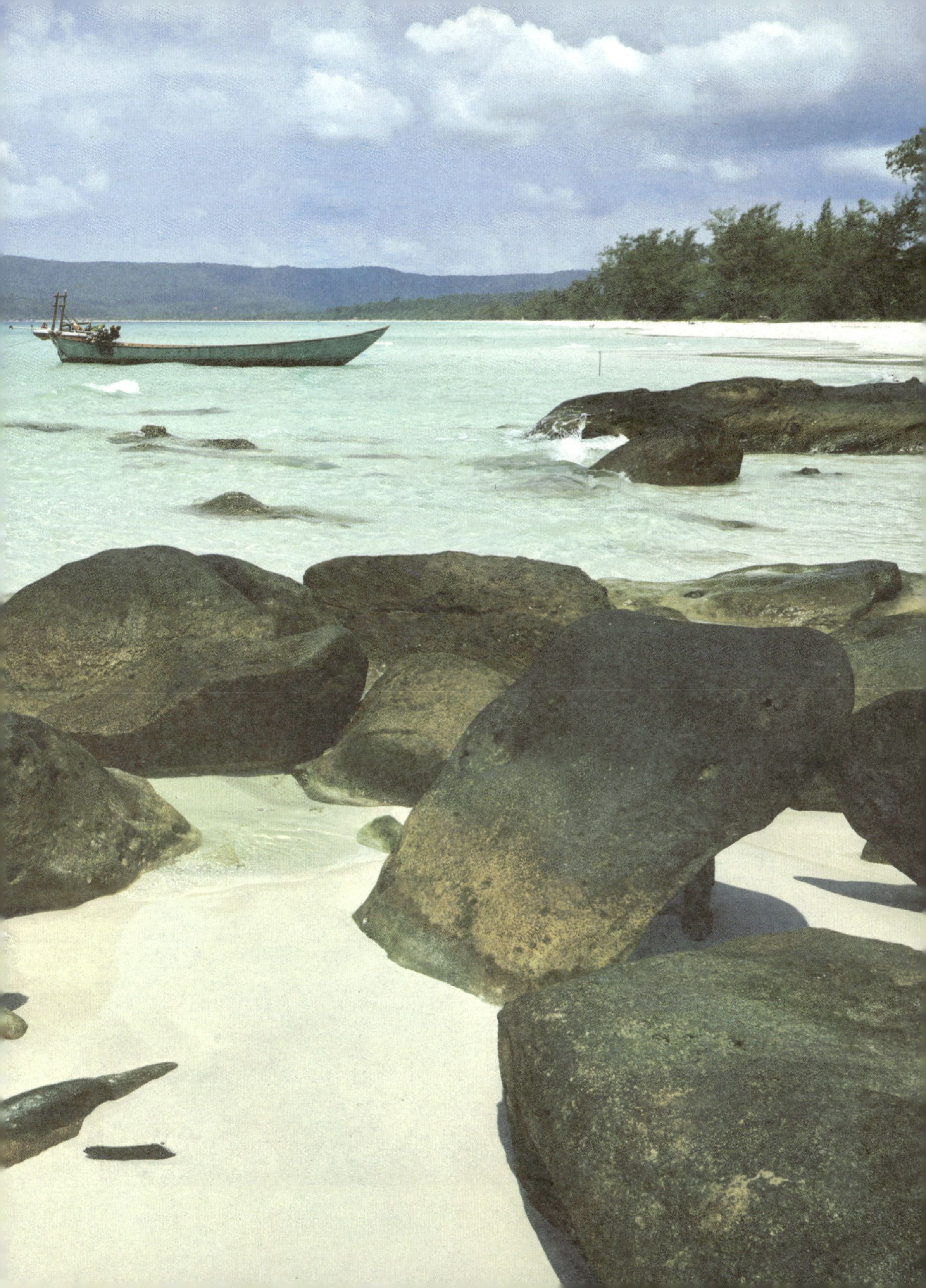

贡布省

被搁置的殖民时期的建筑、丰富的自然景观以及便利的交通成为吸引人们前往贡布省的理由。这里有波哥山国家公园和曾经繁盛一时的波哥山避暑地，也有曾经红火后被遗忘，又再度繁华的白马海滨古胜地，磅德拉周围的洞穴则令探险者迸发出狂热，而贡布本身的安适则更适合于抱有度假休闲目的的游客。

贡布的西侧是一条河流，河的另一边就是波哥山。贡布以产胡椒粉而著称，在第二次世界大战爆发前，几乎每一个法式餐馆的餐桌上都会摆着来自贡布的胡椒粉。对于旅行者而言，这里是去周边旅行的大本营。

Tek Chhouu 瀑布　免费

就瀑布的规模而言，它只是一串串小的急流。这里离市区只有8千米，乘坐摩的就可以到达，费用约1美元。

贡布山洞　免费

🚌 从贡布到这里的距离大约10千米，路上有指引的路标，也可以请当地的孩子带路

贡布周边是喀斯特地貌，所以会形成很多溶洞。农诺是最具神奇色彩的山洞，山洞中有一座建于7世纪的砖结构的寺庙。农索萨是去往白马路上经过的一个山洞，被当地人视为圣地，因为山脚下有一座小庙。曲折的台阶经过一座祭台和一座雕塑，通向几个主要的山洞。龙达雷萨是这一区域内最大的一个山洞，因洞内的一块钟乳石很像一个白色的象头，又被称为白象洞。

123

波哥山国家天然公园 免费

🏠 距贡布省省会贡布 20 千米

波哥山国家天然公园位于柬埔寨贡布省、磅士卑省、戈公省和西哈努克省四省的交界处，总面积 1 400 平方千米，是柬埔寨南方最大的天然公园。公园内被遗弃的法国山中避暑地和 Popok Vil 瀑布近年来又开始引人驻足。雨季时节，人们甚至可以到瀑布中去游泳。公园内有包括老虎和大象在内的各种动物，但都栖息在较偏远的地方，一般很难见到。

波哥山避暑地 免费

旧时法国人的波哥山避暑地以凉爽的气候、僻静的瀑布和壮观的丛林而闻名。1917年法国政府用了几年的时间铺设了一条通往波哥山的公路，并在这里建起了一个小社区，后来这里又落成了一座旅馆——吴哥宫。

波哥山避暑地曾两次被荒弃。如今古老的天主教堂还在，只是徒增了沧桑。建于1924年的一座名叫五舟寺的寺院内因有五块酷似小船的巨大岩石而得名，站在那里可以看到丛林延伸至海岸边。周边还有一些相关的建筑，包括老赌场、弹痕累累的邮局和一座古老的水塔等。

目前这里的大部分区域还属于无保护的状态，一切也都处于未知之中。

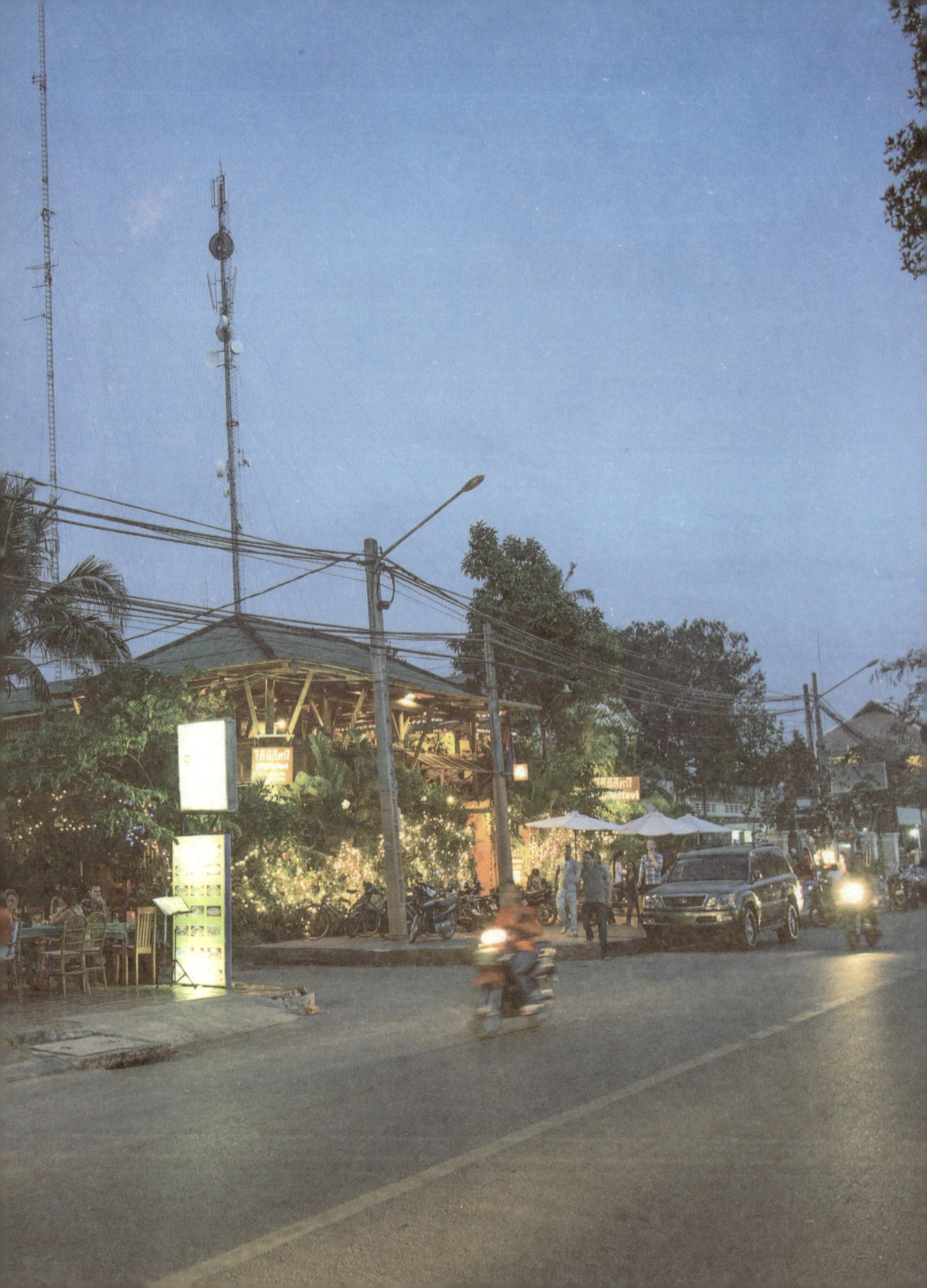

Popok Vil 瀑布 免费

Popok Vil 是一个难得的双层瀑布，上层瀑布高 14 米，很适合于游泳，下层瀑布高 18 米，可以通过一条小路和带有路标的木头阶梯到达。瀑布上面经常会出现旋涡云，这瀑布之名翻译过来就是旋涡云的意思。从波哥山避暑地走公路到这里只需要 15 分钟。从贡布而来有 37 千米的路程。这条公路在中间分开，左边去向波哥山避暑地，右边通向瀑布。

TIPS

听传统音乐

在贡布传统音乐学校听音乐，时间在 18:30-21:00，绝大多数时间里，学生们都会排练传统的舞蹈和音乐，学校对外开放，不收门票，可以适度捐赠。

短途旅行

贡布的河流适合逆流而上的短途旅行，大约每次收费 5 美元。市内的一些酒吧和客栈会安排相关旅程。

白马省

白马省是柬埔寨最小的一个直辖省，原属贡布省，1993年2月28日，柬埔寨政府将白马省单独划分出来。它之所以能够被划分出来，是因为它是柬埔寨著名的海滨旅游避暑胜地。这里气候宜人，温度长年在15～27℃。白马有秀丽的自然风光、优良的海滩和海滨浴场、美味的海产，因而吸引着无数游人。

海滨胜地凯普苏梅（Kep-sur-Mer）建于1908年，它曾是法国精英们的休闲度假地。20世纪60年代，这里一度成为柬埔寨最重要的度假胜地。

白马位于一块小海岬上，沿着海岸线有一条6千米长的棕榈大道。在靠近海滩的小山顶上有一座西哈努克国王的行宫，它建于20世纪90年代初。来到白马旅行既是一种放松，也是一种寻找与发现。

空东萨岛
（Koh Tonsay）

免费

🏠 空东萨岛紧靠大陆，距白马的码头有20分钟路程

当地人认为空东萨岛的形状像一只兔子所以又称这里为兔子岛。小岛呈三叶草状，有乡村平房和餐馆，但整体上仍处于未开发的阶段。

岛上有许多海滩，如果时间允许，可以选择住在当地人的家里，如此不仅可以放松身心，更可深入体验当地人的生活。这里还有简单的旅馆可供选择。过了空东萨岛之后还有许多小岛，靠近越南边境的空波岛也是一个不错的小岛。

在白马海岸路第一条小吃街上，有船去向空东萨岛，船费为每天20美元，单程为10美元。白马的一些客栈也会安排船只去往这里，往返每人10美元；私人船只最多载7人，单程30美元。有固定路线的游览活动，每天9:00从码头出发。

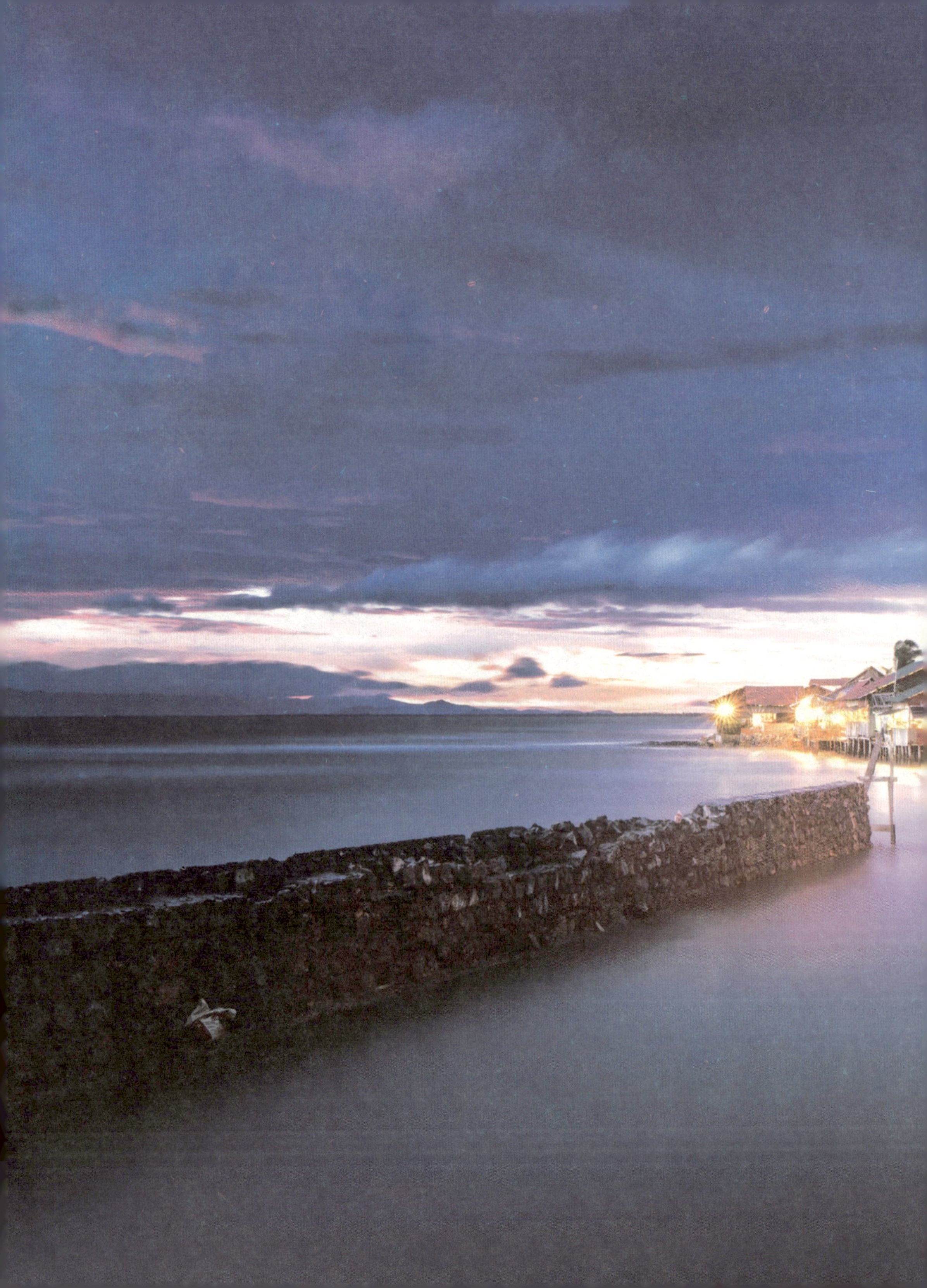

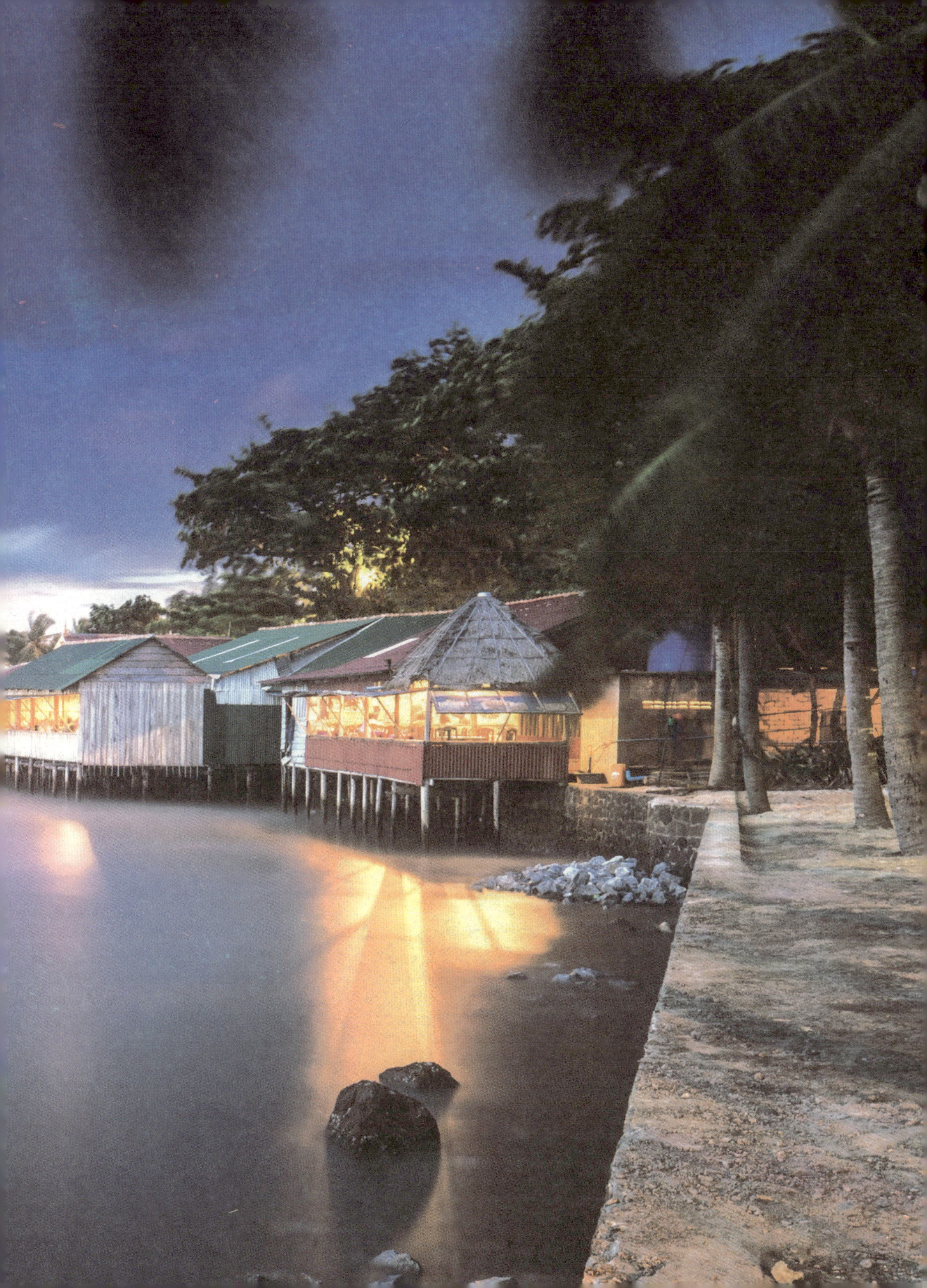

白马国家公园 免费
(Kep National Park)

　　白马有一座面积50平方千米的国家公园，包括小盖普山、大盖普山和格罗桑山，以及沿海两个较大的岛——敦赛岛和博岛。山脚下有纵横交错的公路环绕着一系列小山。小山上，热带雨林植被茂密，郁郁葱葱；海岸边的平地上，高大挺拔的椰子树伸展着巨大的叶片，在海风吹拂下婆娑起舞。在绿树掩映下，一座座豪华别墅、宾馆饭店若隐若现。最近，白马还把海边的一片红树林也建成了旅游区。在红树林自然旅游区内，修建了一些供游客休息的小亭子，在红树林的空隙中，开辟了一些供游客乘船观光的水道。

白马沙滩
（Kep Beach） **免费**

白马最具吸引力的还是那片远近闻名的长达6千米的沙滩，沙滩上的细沙略呈灰白色，不像西哈努克市的海滩那样洁白，但仍不失为一片优良海滩。平缓的海滩一直延伸入海底，向海中走出上百米，海水还不是很深，适合游泳。沙滩的一端，有一座高大的美女塑像被修建在海中。

沙滩外侧的岸边是一个美丽的小花园，除了终年盛开的鲜花外，还有一些猴王、鱼精等神话传说人物的小型雕塑。岸上种植着很多树叶宽大、树枝平伸如伞的大树，可以为游客遮挡阳光。岸边有当地渔民在出售螃蟹，都是刚刚从海里打捞上来的，既新鲜，又不贵。海边还有人专门为游客煮螃蟹，收取少量的服务费。站在沙滩岸边向海上远眺，海水碧蓝清澈，湾阔浪静，岸线蜿蜒；海岸边山林葱绿，几座小岛点缀在茫茫大海之中，渔民们驾着小船在海上捕鱼捉蟹。

TIPS

空东萨岛一日游

白马的对面有很多小海岛，都是孤岛。其中空东萨岛（Koh Tonsay）又叫兔子岛，在孤岛中看起来最大，因形似兔子而得名。白马距离空东萨岛只有30分钟船程的距离，大可安排去空东萨岛上玩耍一天。船只停靠在长约百米的美丽沙滩上，在这里还可以看到很多海洋生物。高大的棕榈树下散布着竹榻、吊床和一排排茅草顶的小木屋。

茶胶省

茶胶省从某种意义上讲，可被称作柬埔寨文明的摇篮。因为这里有几处吴哥时期的古迹，建于5—8世纪。那时很可能在几个小国中间有一个重要的帝国，它的主要中心位于吴哥保苓，其他小一些的宗教中心则位于切瑟山和巴戎山。到了吴哥时期，切瑟山的地位还很重要，许多国王都曾到这里举行隆重的祭拜仪式。

这里是去往吴哥保苓地区参观古寺的基地。旅行者经过这里基本上是因为要过境，很少会有人停留下来，但是在这里可以体会到原汁原味的柬埔寨生活。

吴哥保苓
（Vyadhapura） 免费

🚐 从茶胶出发沿着15号运河向东约20千米就可以到达吴哥保苓。在茶胶租一艘小船费用在15～18美元，船行40分钟左右可以到达吴哥保苓。茶胶也有大船到达吴哥保苓，每天9:00和13:00发船，费用约为0.4美元，行程大约2小时。旱季可以走公路到达这里。合租出租车大约需要1美元，乘摩的往返约需5美元。

8世纪时这里曾是水真腊的都城，而水真腊曾是吴哥时期实力最强大的国家之一。吴哥保苓建于5世纪，是柬埔寨最早的前吴哥时期的遗址之一。

达山位于吴哥保苓以南几千米之外，在山的东北方的山壁上手工开凿了四座山洞作为寺庙。在达山上有一座正方形的红土寺，寺门朝向北方，它建于8世纪，与吴哥的大寺庙相比，它似乎不值一提。旁边是一座较小的砂岩结构寺庙 Wat Asram Moha Rsei。在雨季达山会成为一座水中孤岛，人们只能乘船前往，但另有一番情趣。

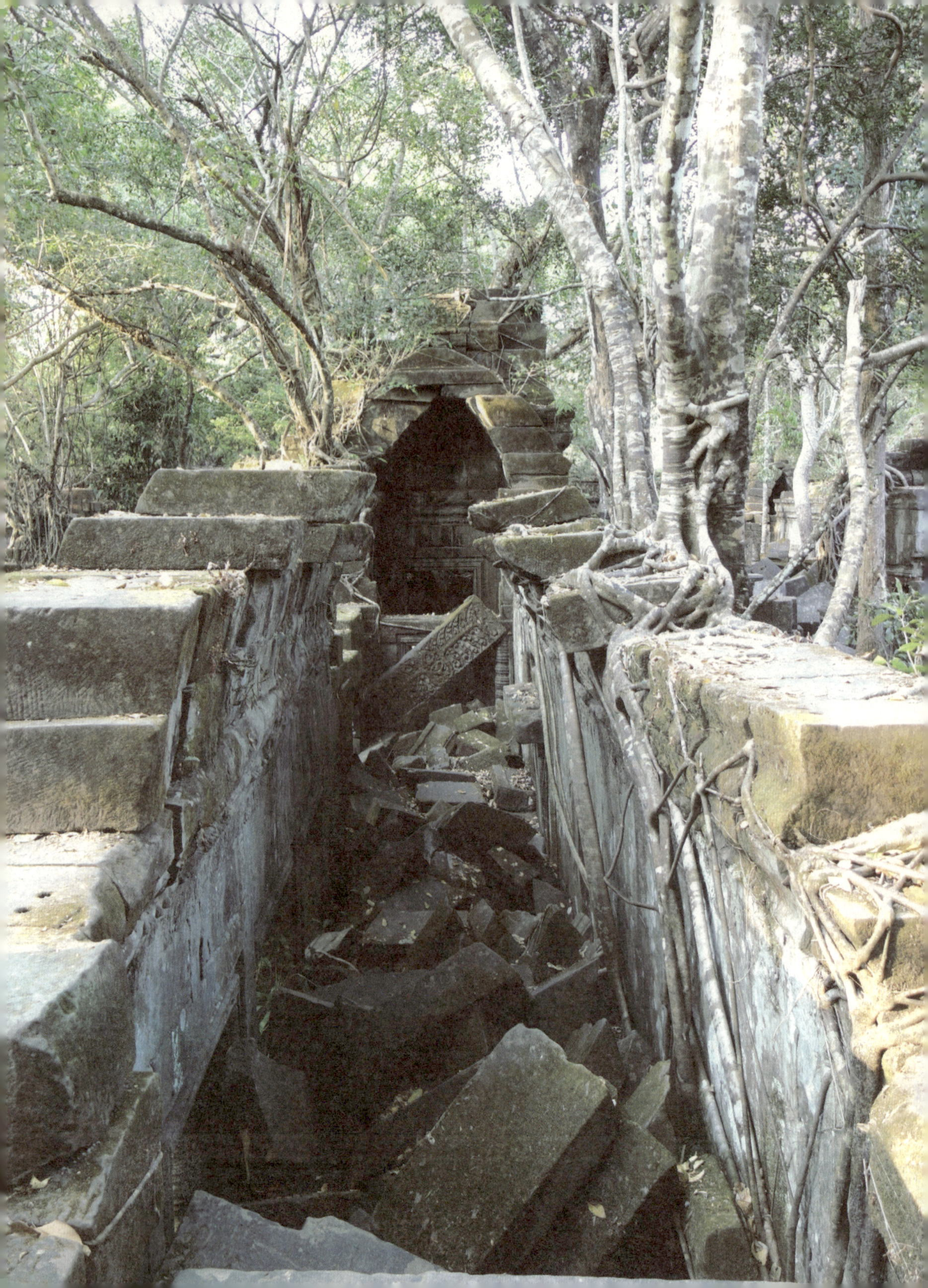

巴戎山

免费

🚌 2号国家公路连通茶胶和柬越边境，全程50千米，需要1小时左右。从茶胶乘摩的费用大约8美元

巴戎山上有一座小的真腊寺庙，它建在山顶上，靠近越南边境。站在山顶的寺庙里可以俯瞰越南的湄公河三角洲。

马德望省

马德望省曾数次被泰国或柬埔寨收进版图，直到1907年柬埔寨再次取得对这里的控制权。第二次世界大战时，泰国与日本达成协议，将这里统治了数年。柬埔寨内战之前，它是柬埔寨最大、最富裕的省份，但如今有一大块土地被划归班迭棉吉省。这里不仅风光秀丽，而且还有很多吴哥时期的寺庙遗址。

柬埔寨西北部有众多公路通往泰国的国际边境站。金边和马德望之间有铁路相接。暹粒与马德望之间有水路相通。

马德望是当地华侨对柬埔寨第二大城市 Battambang 的称呼。在高棉语里，Battambang 的意思是国王丢失的棍杖，讲的是马德望乃自古以来的权重之地。在城东南的环形路口，伫立着一座巨大的雕像，古代的武士摆着神话里的造型，威严恭敬地蹲跪着，双手捧着那根失而复得的巨大棍杖。

马德望城像一个大乡镇，南北朝向的狭长市区，紧靠着 Sangker 河。Sangker 河从柬埔寨西北部的山地流出，往南注入东南亚最大的淡水湖——洞里萨湖。市区横竖几条街，临街的房屋大多是法国殖民时代的一些老建筑，上下两层的格局，参差的山形彩瓦屋顶，修长的百叶窗，格调明快，空间宽敞。据称这里是整个柬埔寨老式法国建筑保存最为集中、完好的地方。

马德望市区人口不足5万，其中华侨占了相当大的比例，街面上随处可见贴了春联、写了中文招牌的华侨店铺。马德望那些星罗棋布的小寺庙主要分布在河流的两岸。闹市区的 Wat Peapahd 是当地最著名的佛寺（Wat 为庙宇之意，佛寺曾和泰国王室有着千丝万缕的联系，庙里那座镏金镂花的主殿屋顶和殿内的佛像都是一百多年前从泰国辗转运过来的），对岸还有 Bo Knong、Kandal 等多处庙宇。

马德望博物馆
(Battambang Museum)

🏠 Road 1, Sangkat Svaypor ⏰ 周一至周五 8:00-11:00，14:00-17:00 ¥ 1美元

　　马德望博物馆最大的亮点是收藏有全省精美的横梁雕刻和雕像。其中，包括从农巴南山和斯能等马德望省各地收集而来的精美的吴哥时期的门楣和雕像，标牌语言有高棉语、英语和法语。

沃耶农寺
（Wat Ek Phnom）

🏠 位于马德望北面13千米处　🕐 周一至周五 8:00-17:00　💰 1美元

　　看过吴哥窟之后，这里或许会令你失望，但这里落日时分的风景却是难得的美。在节假日，这里会成为受欢迎的野餐地和朝圣地。如果你在农沙帕山买了一张2美元的门票，这张门票在参观沃耶农寺时也有效，所以别扔掉。

沃农沙帕
（Wat Phnom Sampeau）

免费

🚌 乘摩的往返沃农沙帕需要4美元

　　沃农沙帕是一座建在陡峭的石灰岩悬崖上的寺庙，有一座小寺院和一个佛塔，但需要相对长的时间才能爬上去。过去这里曾作为抗敌前线，所以附近还有两门野战炮遗留下来。下山有两条小路可走，一条小路在山的左侧，沿其行走可以找到主台阶下山，游览时最好选择这一线路；另一条小路下埋伏着数个地洞，非常危险，所以一定要小心。

141

沃巴南
（Wat Banan） **免费**

🚙 马德望以南 25 千米，乘摩的需要 4 美元

这里有 5 座冲天塔，很像是吴哥王城的微缩版。站在这座建在半山上的 11 世纪建筑群落之间，可以俯视周围的村落。塔之间的道路两边有数条雕刻精美的横梁，多数已被请入博物馆之中。这里也有一门大野战炮。

Kamping Poy 免费

TIPS

🚗 距马德望36千米，经过沃农沙帕后右转就到。全天租摩的的费用在7～8美元

Kamping Poy是一个适合放松心情的大湖。可以沿路欣赏自吴哥王朝以来柬埔寨一直使用的繁杂的农田灌溉系统。可以花上1美元租条小船游湖，也可以纵情跃入水中来一场痛快的游泳。

斯能 免费
（Snoeng）

🚗 位于马德望西南26千米处，乘摩的花费8～10美元可以到沃农沙帕、Kamping Poy和斯能，但最好乘出租车前往

这是一个NH57公路边上的小镇，这里有座有趣的小寺院——巴赛依塔。巴赛依塔的历史可以追溯到10世纪末，其入口处有3条精雕细凿的木梁，历经战争与时光却仍完整存在。巴赛依塔后面有一座当代修建的寺院，寺院后面有3座砖结构的神龛，入口处有非常美丽的雕刻装饰。

竹板火车

马德望最独特的竹板火车，装有六马力汽油引擎，两只安装在轨道上的轮子及承载架，再铺上竹板即可；为了乘客的舒适，会再铺上草席。

竹板火车为单轨运行，所以当两边的竹板火车相遇时，会约定俗成地由由南向北的火车先退让。整个竹板火车两三下就被大卸八块放在一边，这非常实用而巧妙的设计不禁让人惊叹。

事实上很多区段也因为年久失修，连竹板火车都难以通行。为了将柬埔寨目前废弃的铁轨加以利用，竹板火车已成为一项当地的特色体验供游客使用。

柬埔寨好好玩

・金边 ・暹粒 ・吴哥 ・西哈努克市 ・戈公省 ・贡开 ・磅同省 ・贡布省 ・白马省 ・波萝勉省 ・茶胶省 ・磅湛省 ・马德望省 ・桔井省 ・菩萨省 ・腊塔纳基里省 ・班迭棉吉省 ・蒙多基里省 ・柏威夏省

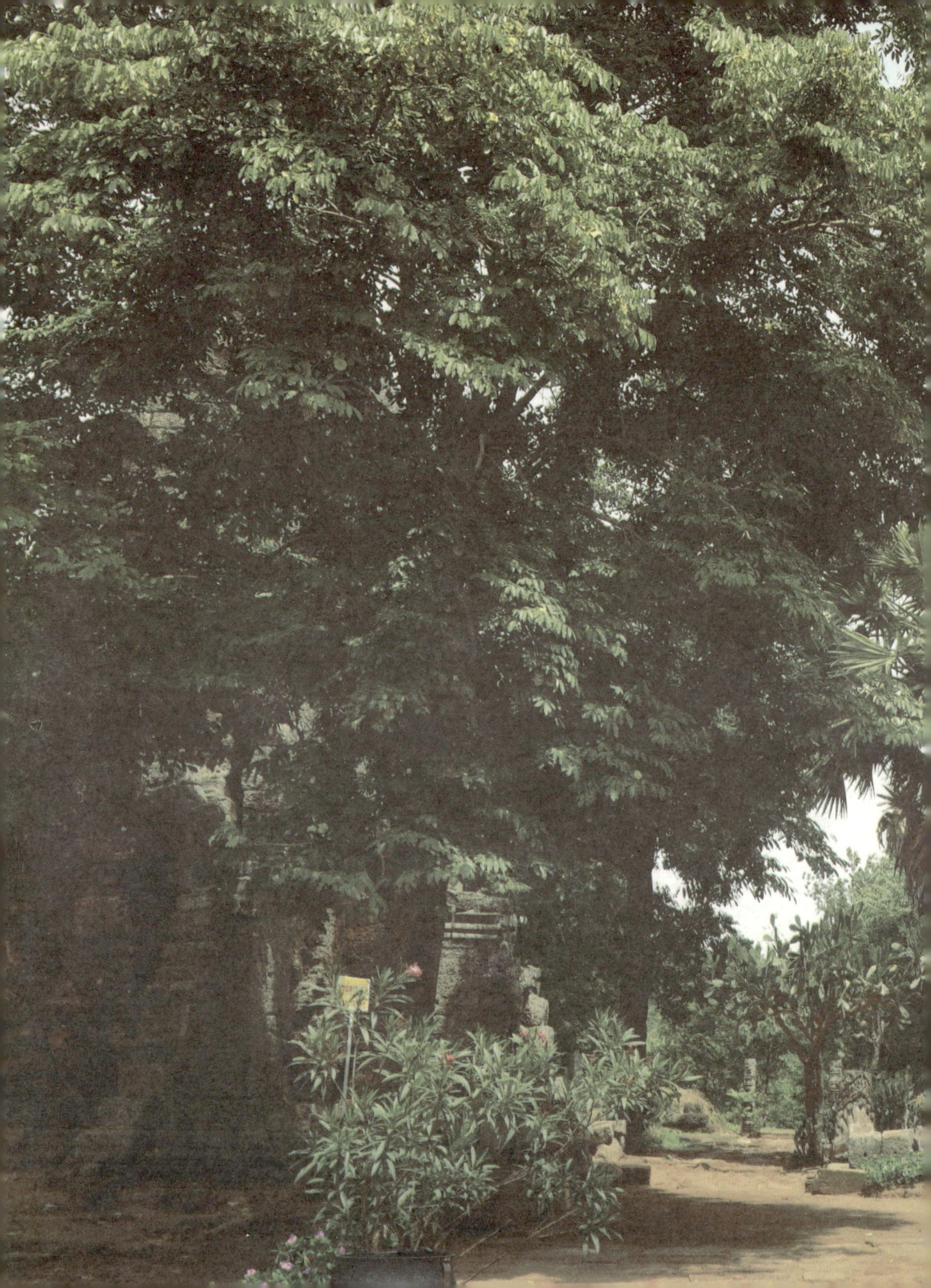

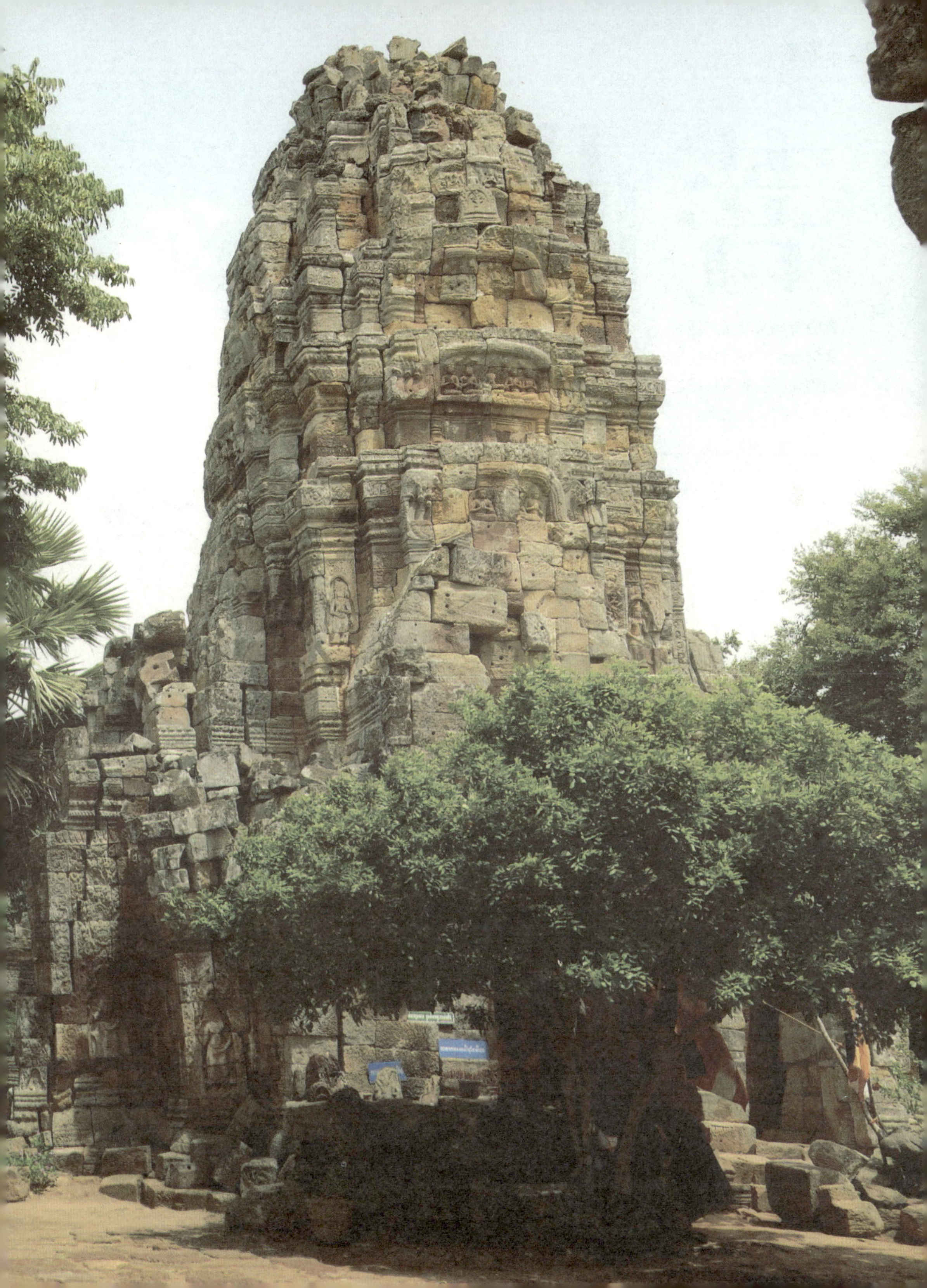

菩萨省

菩萨省是柬埔寨第四大省，西与泰国相接，东达洞里萨湖。豆蔻山有部分山脉在其境内，那里也是柬埔寨最荒凉的地区之一。这里以生产大量的檀香油而著称。没有什么特别的景致，所以多数从金边到马德望的人只在这里驻足一下便离开。不过这里可以作为探访空邦龙和洞里萨水上人家或深入豆蔻山密林的基地。

空邦龙　免费
Kampong Luong

空邦龙在菩萨的东边，根据季节不同距离从39～44千米不等。4—6月洞里萨湖的水位最低。在菩萨乘坐摩托艇去往空邦龙需要6～8美元。陆上单程大约需要45分钟

洞里萨湖的水上人家是这里最吸引游客的景点。在这个村庄人们世代住在船上，生活在湖上。村庄随着水位的涨落而漂移。虽是村庄，这里却有柬埔寨城市里的绝大多数设施，除了汽车和摩托车。这里一样有餐厅、学校、医院，甚至酒吧。这里没有旅馆，不过可以住在当地人家里。这里空气清新而润泽，湖水荡漾，令人心旷神怡。当地居民以越南人为主。在空邦龙租一辆摩托艇每小时花费5美元。

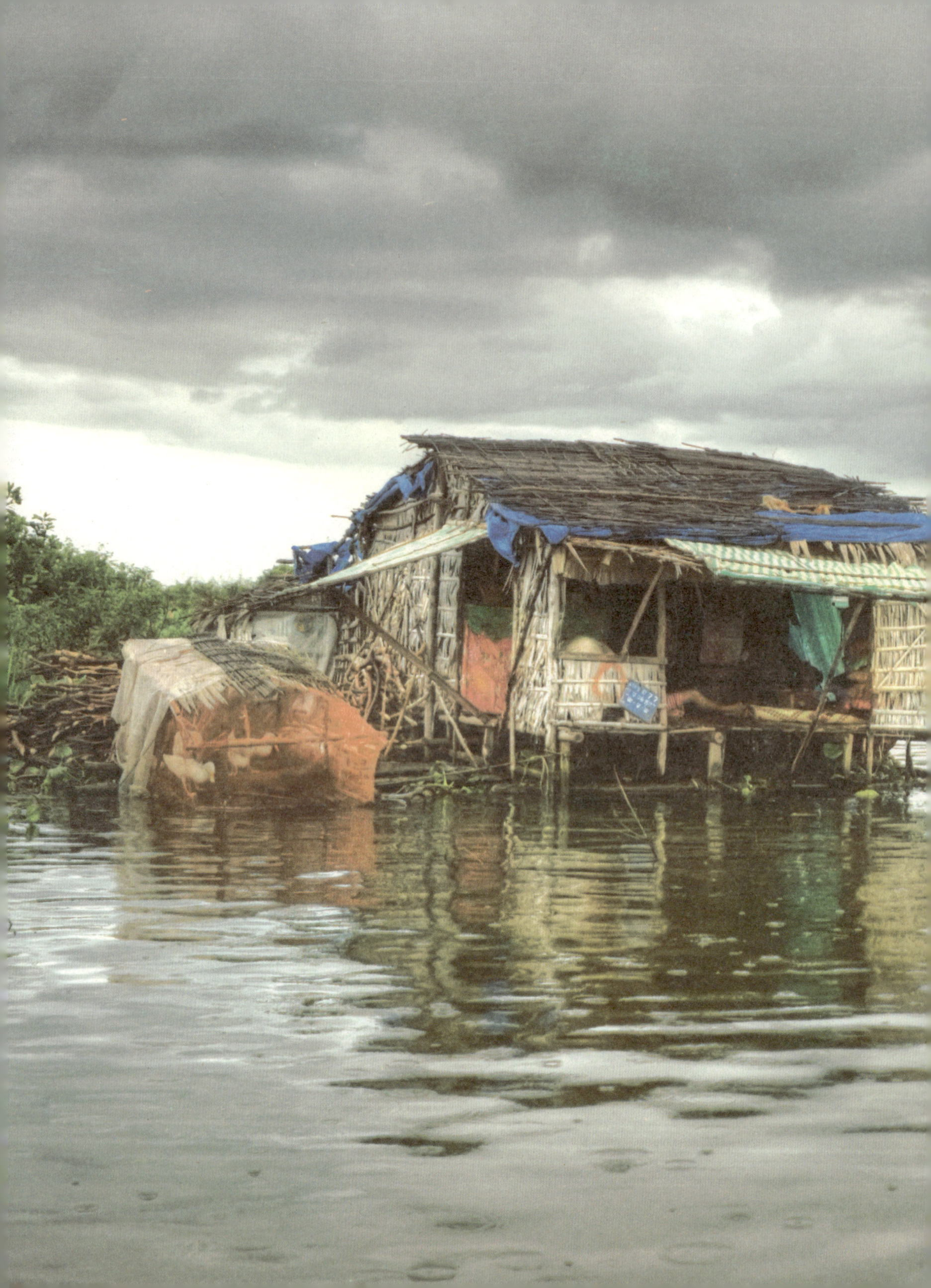

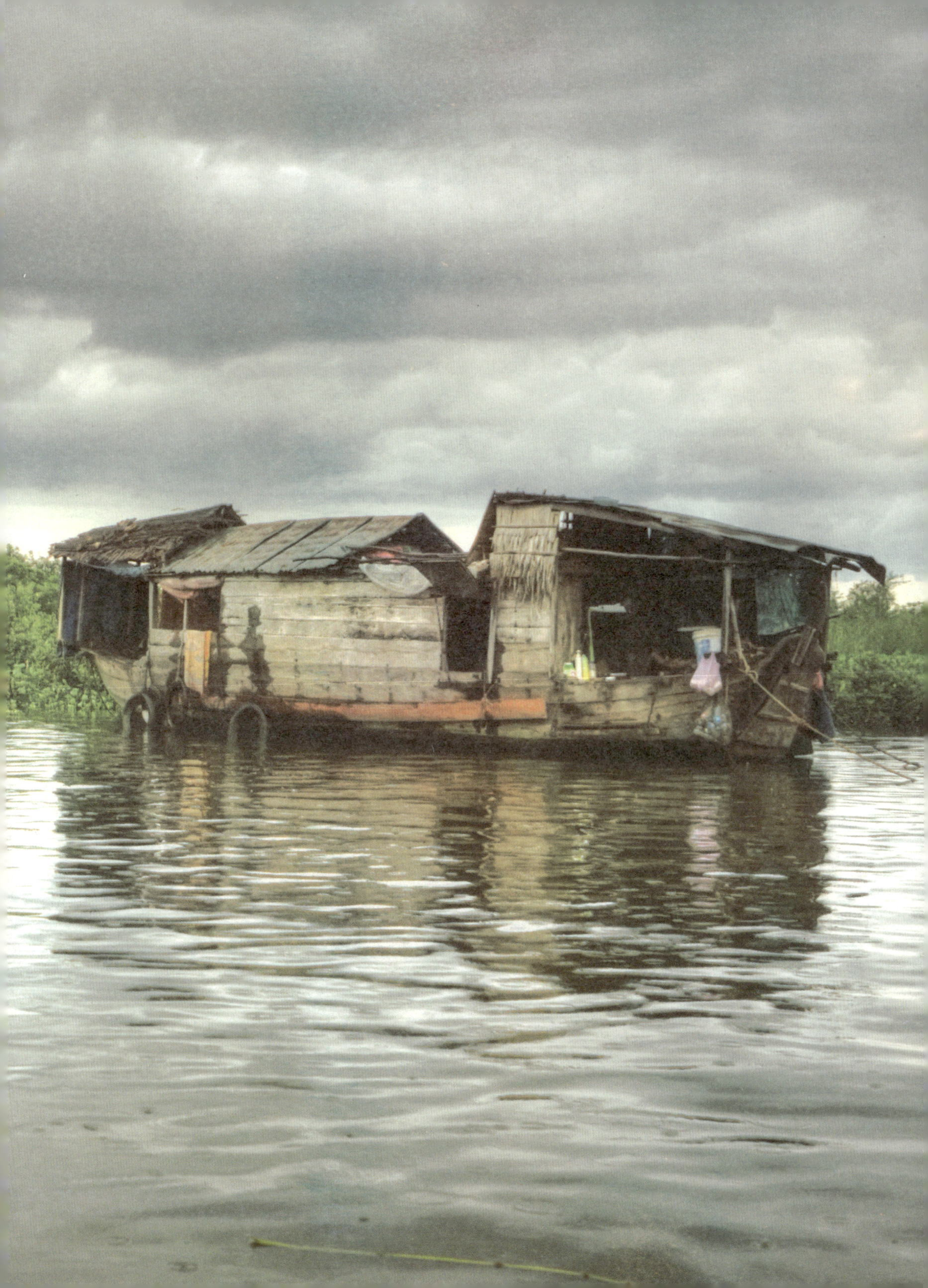

班迭棉吉省

班迭棉吉省是柬埔寨最年轻的省份，20世纪80年代初它才成立，之前属于马德望省。"班迭棉吉"的意思是胜利城堡。这里最吸引人的是其与泰国的边境贸易。而城市波贝是柬埔寨的博彩中心之一，有6家大赌场汇集在这里。

这里的诗梳风是前往泰国和吴哥古迹的途中一站，去往班迭奇马和城北50千米处的班迭峰的游人会将这里作为基地。泰铢在这里也是流通货币，当然美元更好用。

班迭奇马
（Banteay Chhmar）

免费

🚗 可以搭乘出租车前往，如从暹粒出发，车程约3小时，费用约50美元

　　班迭奇马意为狭窄的堡垒，建在9世纪初一个寺庙的原址上。作为柬埔寨最高的寺院，班迭奇马成为继吴哥窟和圣剑寺之后的第三大寺庙。在记载中，这里有长达9千米的围墙，其中一座寺内有在柬埔寨不多见的观世音菩萨的面部造像，而它的样子与吴哥王城巴戎寺里的一样。通道内曾有8尊千手千眼佛，但在1998年，其中6尊的头被砍下偷运到泰国。目前仅存的2尊佛像依然伫立，向世人展现着它们的伟岸。1999年的内战使得这里人迹罕至，野生植物爬满建筑。近几年虽对茂盛的植物进行了清理，但环境依然复杂。周边还有十几座小寺，也多已成断壁残垣，难现真容。班迭奇马的寺院虽名列三甲，却难与伟大的吴哥窟抗衡，好在它还有自然的乡村风光，使得这里透露出与吴哥窟不同的风采。

柬埔寨好好玩 · 金边 · 暹粒 · 吴哥 · 西哈努克市 · 戈公省 · 贡布省 · 贡开 · 磅同省 · 白马省 · 波萝勉省 · 茶胶省 · 磅湛省 · 马德望省 · 桔井省 · 菩萨省 · 腊塔纳基里省 · 班迭棉吉省 · 蒙多基里省 · 柏威夏省

151

班迭峰
（Banteay Top） **免费**

🚌 诗梳风至特莫博（Thmor Pouk）之间 39 千米的路上有很多车，从这里到班迭奇马 15 千米的路上车并不多。乘摩的大约需要 2 个小时，费用约为 10 美元。从暹粒乘汽车需要 5 个小时，费用约为 70 美元

班迭峰有军队的堡垒之意。而今这座经历和班迭奇马几乎同样岁月的佛塔矗立在一片水稻田之中，失去了往昔的威严与气度，显得弱不禁风。

波贝
（Poipet） **免费**

🚌 从暹粒到波贝 3 小时车程，从金边也有车到波贝，车程 9 小时左右。Vireak Buntham Express 汽车公司每天 9:30 和 12:30 发车

应该说波贝之于柬埔寨就像是拉斯维加斯之于美国。是的，这里也以博彩业而著称。在方圆不大的土地上，有 6 家大的赌场汇集。因此，从这里派生出的骗局数不胜数。在这种地方要格外小心谨慎。

超惠游 **柬埔寨**

柏威夏省

这是一个贫困但充满着令人着迷的探险地的省份。这里几乎没有几条像样的公路,却有着吴哥时期的文化遗产:柏威夏山顶寺庙、10世纪时的古都贡开以及在吴哥文化中不得不提的神圣的圣剑寺。到这里旅行是纯粹意义上的探险。因为除了从暹粒经过奔密列到达贡开还算容易外,要想到另外的地方则需要具有一定的徒步旅行经验。在雨季,柏威夏山顶寺庙和圣剑寺更是令人无法企及。现在通向三处景点的公路正在改善之中,假以时日,柏威夏省将会成为又一旅游热点。

特崩棉则(Tbneg Meanchey)是通往圣剑寺或贡开的东侧门户,而去往柏威夏古塔寺也要在这里准备相关的物资,所以即便它是柬埔寨最落后的省府之一,布局分散、尘土飞扬、道路艰难,却依然有带着探险精神的人们到此,看一看这掩藏在世事之外的净地。

圣剑寺（Preah Khan） 免费

🕐 到圣剑寺最好的时间是 2—5 月，因为此时路面较为干燥，适于车辆通行。最好避开 6—11 月

🚌 从磅同出发，乘摩的经陆路到达圣剑寺比较快，路程共有 120 千米，在旱季需要 4~5 小时；从特崩棉则出发，向南走 NH64，37 千米后可看到一块路标，右转后还有 56 千米较为难走的路，车程需要 4—5 小时；从暹粒出发，乘汽车可以走 NH6 到达斯东（Stoung），再向北走一条土路可到达圣剑寺。乘摩的最好的一条路是走 NH6，到达克瓦（Khvav），从这里转乘牛车向东 40 千米可以到圣剑寺

当地人称圣剑寺为 Prasat Bakan，暹粒的高棉人则将这里称为 Kompong Svay。建于 1191 年的圣剑寺，与吴哥窟建于同一时期。红土和砂岩建造的圣剑寺是吴哥时期最大的封闭型寺庙。它最初是供奉印度教神祇的，阇耶跋摩七世占领该地后，于 12 世纪末至 13 世纪初将其重建，改为佛教寺院。

圣剑寺与吴哥古迹之间有 120 千米长的红土路，途中的 Naga 桥纹饰精美，可惜现在只留下些许痕迹，而且大部分遗迹都淹没在茂密的森林之中。有学者认为这里还有一条道路通往前吴哥时代的都城三波坡雷古。可见圣剑寺在高棉王国时代曾扮演着极为重要的角色。

圣剑寺的总面积约有 5 000 平方米，内有一个长约 3 千米的大水池。水池东面是一座小金字塔形的佛塔，被称为象寺（Prasat Damrei）。外部建筑许多已被破坏，但入口处的墙上还残存着几座精美的女神雕像。山顶有一些大象的雕像守卫着寺庙，然而到了现在当地只剩下两尊，一尊半埋在土里，而另一尊被当地人供奉的物品环绕着；还有两尊分别藏于金边国家博物馆和巴黎 Guimet 博物馆。

蓄水池中间的陆地上有一个被当地人称为梅奔（Mebon）的小塔，它的风格与吴哥的西梅奔很相似。水池西面是四面寺，它也许是圣剑寺最令人惊喜的建筑。四面寺保留有阇耶跋摩七世时代的所有印记，与巴戎寺内的佛像相似的佛像面孔也刻在塔中央。

圣剑寺围墙西南 400 米外有一条护城河，其构造也与吴哥窟的护城河相似。大部分河床上长了草，桥上的雕刻已遗失不见。从东亭进入可以看到休息室，其中许多是阇耶跋摩七世为来自吴哥各地的朝拜者修建的。中央地带大部分已被林木遮盖，中间的建筑包括图书馆和一个清洁池。

早在法国殖民期间，这里的大批雕塑已被运往巴黎，也有部分被砍掉之后藏在金边国家博物馆。因为地处偏僻，使得这里长期失于保护，文物被盗，破坏严重，一些塔已倒塌，呈现一片凋敝之象。好在一切都在改进之中，一条公路即将通达，有关部门也在做相应的清理。

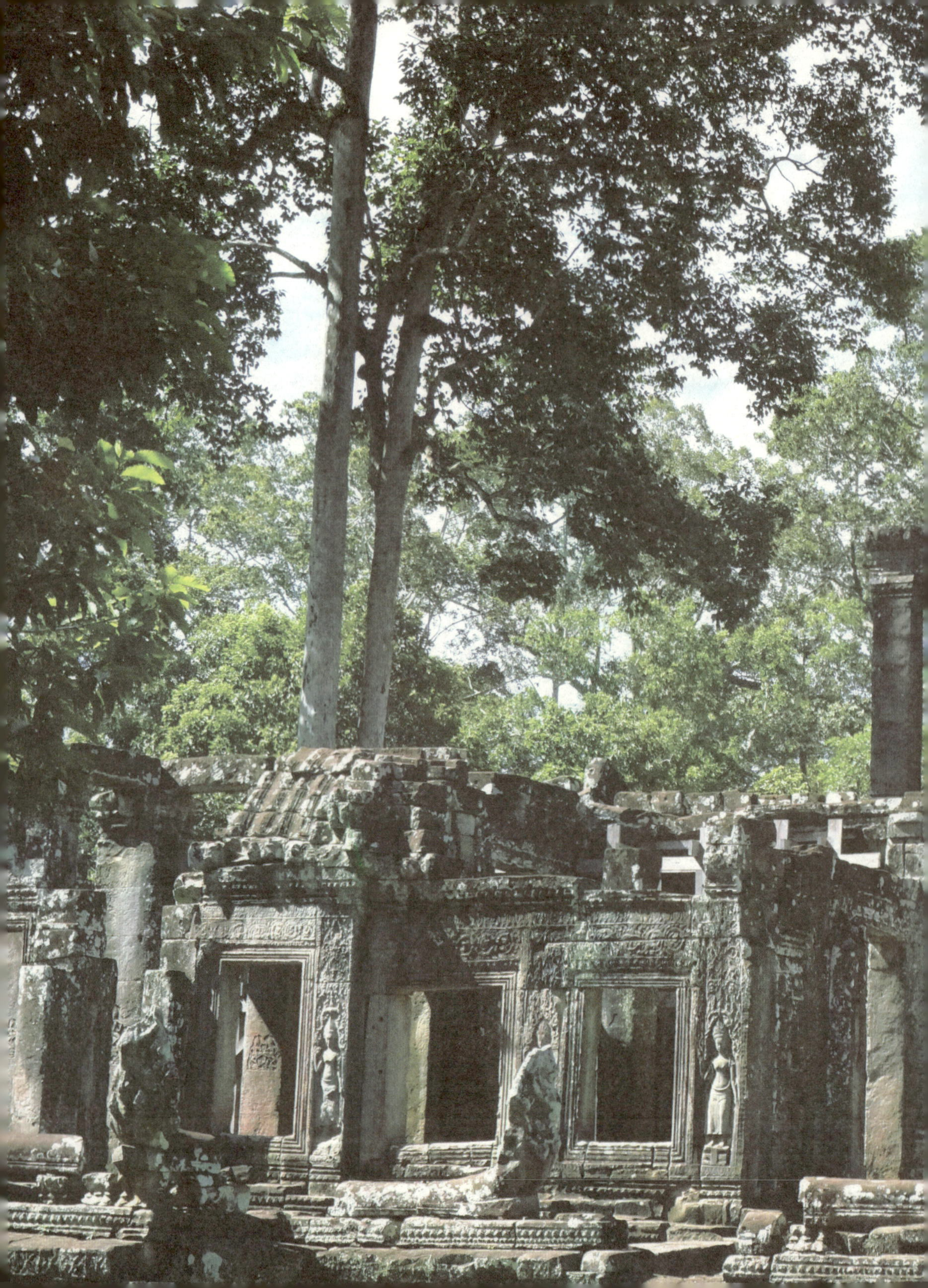

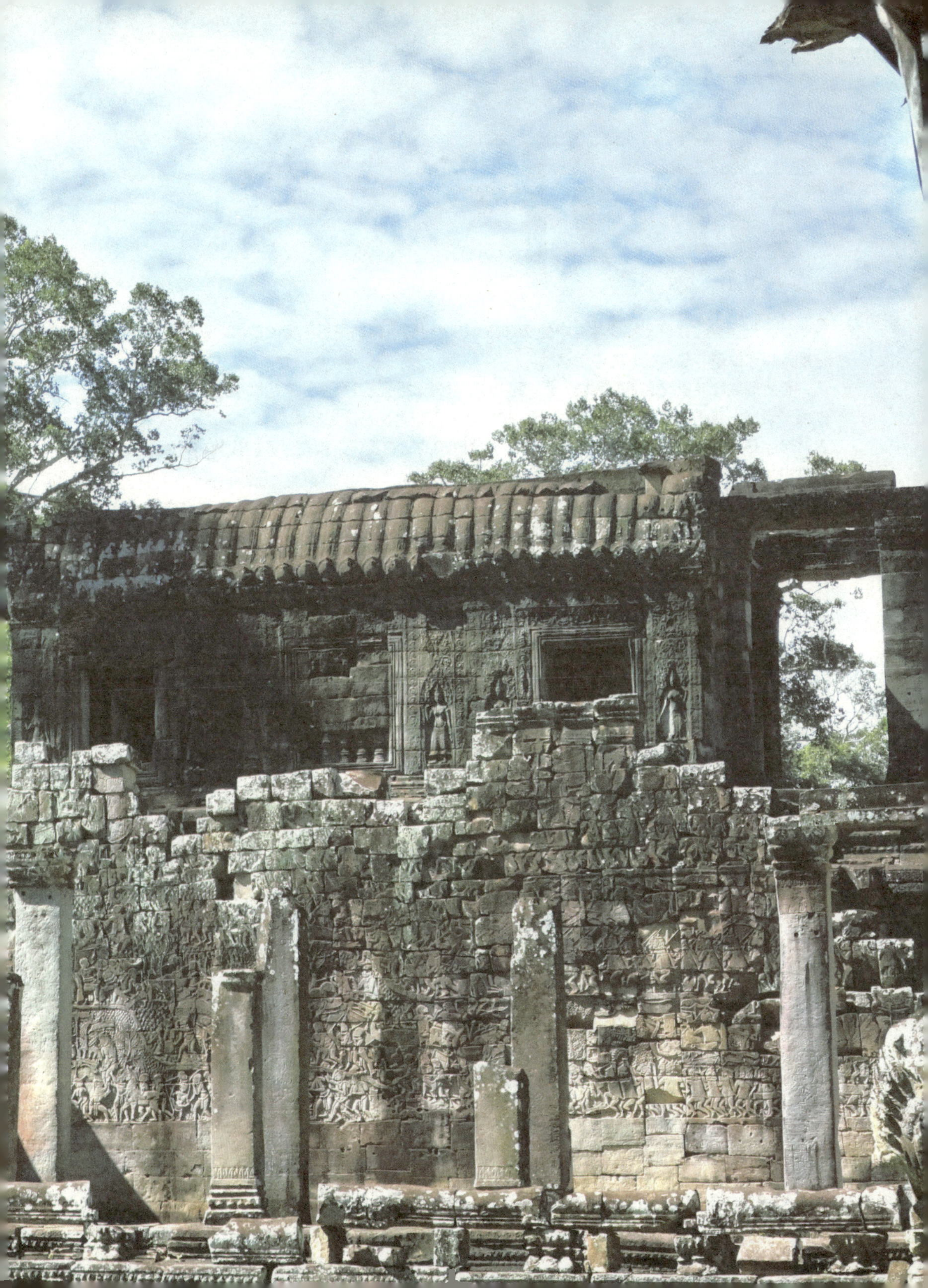

贡开

很难让人相信隐藏在这北部森林之中的贡开在 10 世纪居然曾是吴哥王国的首都。从那时到现在，这里都是最偏僻、最难接近的寺院群落。

贡开是阇耶跋摩四世统治时的都城，阇耶跋摩四世篡权之后离开吴哥，把都城建在了这里，他在位期间，贡开一直是其都城。直到 944 年，他的儿子重新将吴哥定为都城。

贡开除了作为曾经的都城之外，也拥有数量十分可观的宗教建筑，现在主要的建筑有 30 座。其中几座已被金边国家博物馆收藏。据说过去曾有 100 多座。

贡开最主要的寺庙是 Prasat Thom，寺庙高 40 米，外表为砂岩质，是一座锥形的七层塔。从塔顶可遥望森林。此处曾发掘出 40 座碑文，其历史可以追溯到 932—1010 年，碑文对当地的文化有所反映。

Prasat Krahom 是贡开的第二大寺庙，因其为红砖建筑而又得名红庙。已经消失的狮子雕像曾令这座寺庙颇具名气。而今这座寺庙已基本上被丛林包围。

贡开还有几座极具特点的寺庙。如 Prasat Leung 就拥有柬埔寨最大的同时也是保存最完好的生殖器像林伽湿婆；有摔跤猴子雕塑的 Prasat Chen；还有从暹粒来的路上遇到的第一座寺院 Prasa Bram，这里的 5 座佛塔已有 2 座被无花果树缠绕；而 Prasa Neang Khmau 中则有精美的雕刻横梁。

柏威夏寺
(Prasat Preah Vihear)

🏠 Choam Khsant, 13403 🚌 从泰国一侧进入柏威夏寺相对容易，公路直通寺院的后门。而从柬埔寨前往古寺则需要艰辛地奔波，可以说能从柬埔寨一侧到达这座寺院的游客基本上可以算半个探险家。不过，柬埔寨政府正在修建从安隆汶和特崩棉则到这里的公路，届时从暹粒到此只需要4小时的车程。从暹粒出发的第一站需要停留在安隆汶，然后有货车可以到达Sa-Em，费用约2.5美元。从这里到山脚下之后，上山的路只有一条，可以在山脚下乘缆车上山；或者步行2小时上山，也可以花5美元租辆摩的上山 💰 从泰国一侧进入收费10美元，其中的5美元是参观国家公园的门票，另外5美元才是寺院的门票。柬埔寨一侧只收寺院门票

建于10世纪中叶至12世纪初的柏威夏寺位于柬泰边境，在所有的吴哥时期的庙中，柏威夏寺是最为壮观而独特的。因为它雄踞在扁担山一处距离地面550米的悬崖之上，山与寺融为一体，山脚之下的平原一碧千里，直入天际，遥远的荔枝山若隐若现，令人叹为观止。古塔分为4层，四面有长阶梯上下，路两旁有28米长的雕龙。围墙内还有7个石池。

因位于与泰国的边境之上，它的历史便也不可避免地与泰国纠缠在一起。这里在1949—1952年曾被泰国占领。1959年柬埔寨政府向海牙国际法庭申请柏威夏寺归属柬埔寨，2013年11月11日海牙国际法庭判决柬埔寨胜诉。

现在这里的旅游由柬泰两国有关部门共同管理，泰国境内道路平坦，修建的一条通往山顶的公路也明确了原本模糊的边境线。游客可以从两国进入该寺，但到此的游客并不多。

超惠游 柬埔寨

磅同省

磅同省是柬埔寨的第二大省，而且拥有著名的三波坡雷古以及另外 5 个古庙。法国统治期间，这里是叫作 Stieng 的少数民族的聚居地。一条大河曲折流经省境之后直入洞里萨湖。

热闹的省会城市磅同对游人而言，通常是去向吴哥时代真腊王朝古都三波坡雷古的基地，这里也是通向遥远的圣剑寺、贡开和柏威夏寺的门户。

三波坡雷古
（Sambor Prei Kuk） **免费**

🚌 从磅同出发沿 HN64 公路向北朝暹粒方向走 5 千米之后朝特崩棉则方同走 11 千米便可以见到指向三波坡雷方向的路标，再前行 14 千米即可到达。从磅同可乘摩的去三波坡雷，往返费用约 6 美元

在三波坡雷古城方圆 5 千米内，散建着 100 多座寺庙，而这座古城则是先于吴哥文明的高棉文明的摇篮。

寺庙群的中心由 4 组大建筑构成，多数是砖结构，其艺术设计对后来的高棉艺术产生了重要的影响。但自然的侵蚀与人为的破坏，已使得这古老的建筑群落不复旧貌。主建筑被称为三波寺，供奉着湿婆的化身之一，其他建筑供奉着湿婆的本尊。三波寺的几个塔上的雕塑依然完好，中间的塔上有各种象征着女性多产的大型 Yoni 造像，但似乎是出自后人之手。

Prasat Yeay Peau 被认为是最能体现这一地区风格的寺庙，如今古老的砖石已与盘根错节的大树紧密相连，令人感觉到时光的延展。

如果对柬埔寨的古代建筑抱有浓厚的兴趣，那么从暹粒出发，一直到达三波坡雷古城，路上的古代寺庙建筑就是一部最好的教案。

索塔山
（Phomsontuk） **免费**

🚌 索塔山距离磅同 20 千米。乘摩的往返约 4 美元

索塔山是磅同省最重要的宗教圣山，山坡上有佛陀造像和各式的宝塔。但要想登上最高处则首先要攀登 980 级的台阶。台阶的起点处有座彩色的宝塔，上面有许多神龛。寺庙的周围有大量雕刻在砂岩巨石上的佛陀像，南峰下面也有一些雕刻在山石上的垂头佛陀。山上的一座寺院内仍有和尚修行。

巴赛库诺哥
（Prasat Kuha Nokor） **免费**

🚌 从金边到这里需 2 小时车程。从磅同到这里只需要 1 小时

这是一座建于 11 世纪的寺庙，曾经修复过，所以现在看来依然完好。它位于一座现代寺院的场院里，所以比较容易到达。

161

超惠游 柬埔寨

波萝勉省

波萝勉省位于湄公河东岸，是一个没有太多特别之处的省份，算不得是一个热门旅游之地。这里唯一的亮点便是前吴哥王曾建立的宗教和文化遗址。城西有一处大湖，带来了些许灵气，还有殖民时期留下的一些建筑。

巴贡
（Baphnom） 免费

🚌 从金边到巴贡，沿着 NH1 公路向东而行，之后在 Kompong Suong 向北，到达 Neak Luong，从这里可乘摩的直达巴贡，往返的费用约 4 美元

巴贡是柬埔寨王朝最早的宗教和文化遗址，其历史可上溯到 5 世纪以及神秘的扶南时代。有学者认为这里是柬埔寨民族的发祥地，而荔枝山被认为是吴哥王朝的第一个都城。后来这里成为真腊和吴哥王朝国王重要的朝圣地，这种神圣的地位一直持续到了 19 世纪。

令人遗憾的是现在可供观瞻的遗迹并不多。在一小群山峦的最东端有一座 11 世纪庙宇的残存遗址，当地的僧人曾用原来的砖块和大量的水泥对这一处进行修整。在山脚下有一座近代修建的寺院，斜坡之上有一些小宝塔。

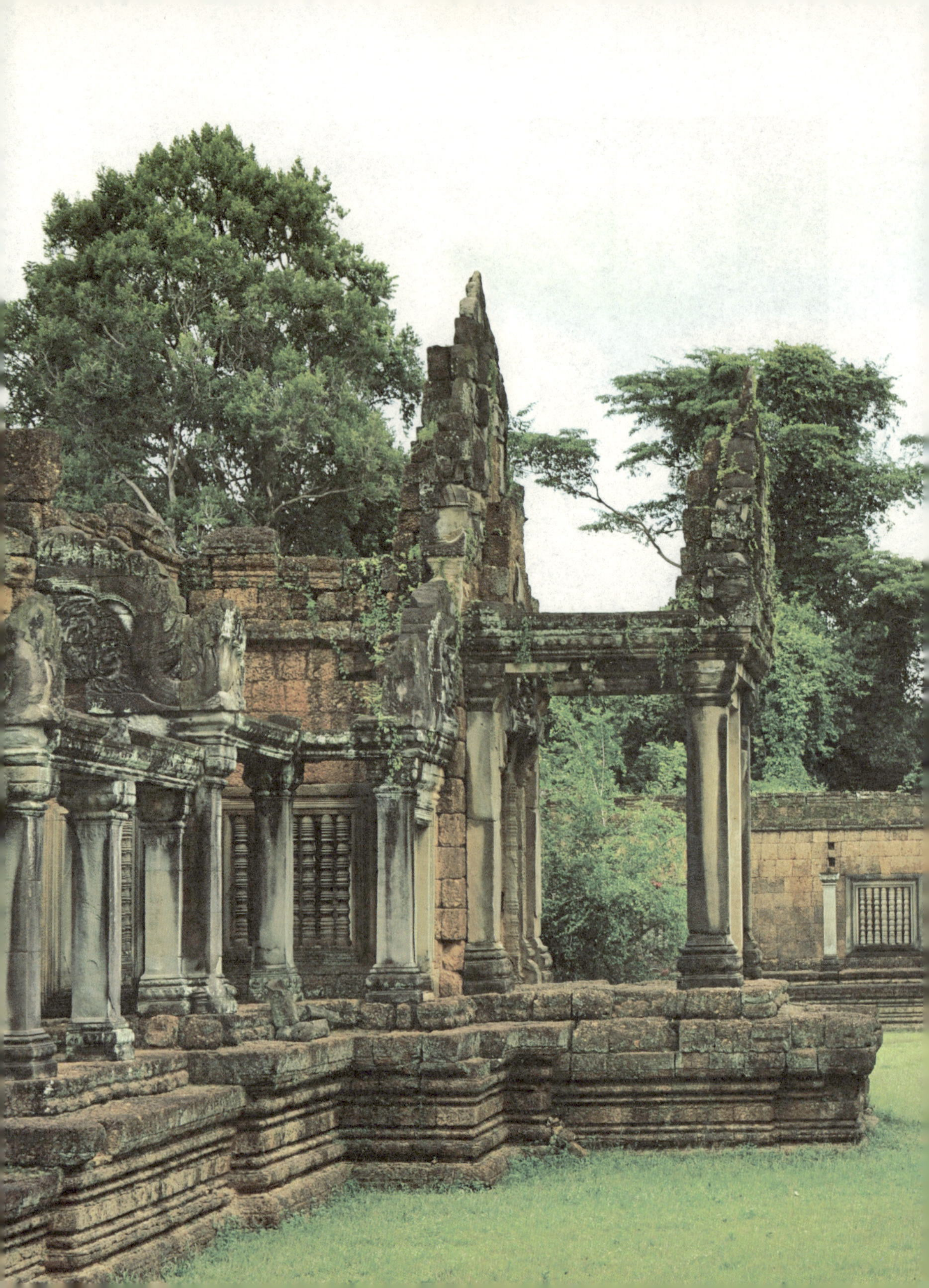

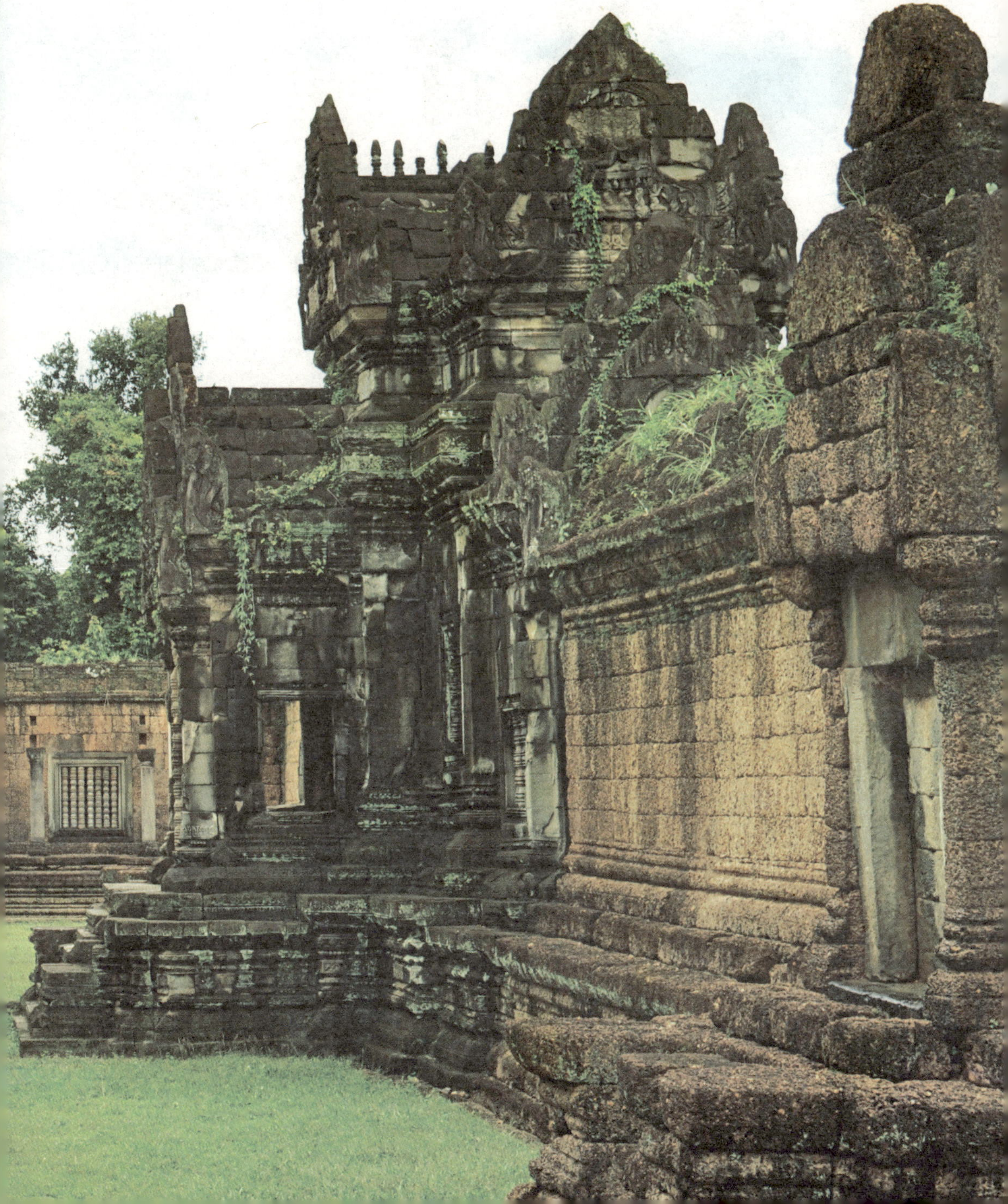

超惠游 柬埔寨

磅湛省

位居柬埔寨东北之地的磅湛省是柬埔寨政界要员的居住地，而且也是柬埔寨人口数量最多的省份。当然，作为通往金边的门户，磅湛省从来都不缺少探访者的脚步声，这里有着前吴哥时期和吴哥时期的庙宇，在这里还可以享受有趣的沿河休闲之旅。磅湛是继金边和马德望之后的第三大城市，作为紧临湄公河，有着殖民遗迹的城市，最好的旅行方式应该是信步街巷之中，慢慢地品味属于这座城市的独特气息。

安哥寺
（Wat Nokor） 免费

🚌 沿着通往金边的公路步行来到城外，在城外1千米的环岛转向左边的岔口即可到达

安哥寺是11世纪时兴建的大乘佛教寺庙，如今已变成了小乘佛教的庙宇。寺庙以砂石、红土为材料修建，院内有一尊很大的卧佛雕塑，这里还有僧侣的身影。

柬埔寨好好玩·金边·暹粒·吴哥·西哈努克市·戈公省·贡布省·白马省·茶胶省·马德望省·菩萨省·班迭棉吉省·柏威夏省·蒙多基里省·腊塔纳基里省·桔井省·磅湛省·波萝勉省·磅同省·贡开

空帕恩
（Koh Paen）

免费

🚌 位于磅湛往通往金边公路的方向 7 千米处，可以乘摩的前去，往返车费大约 3 美元

空帕恩和位于湄公河边上的乡村岛屿在旱季的时候依靠一座精心搭建的竹桥与磅湛城南部相连。在雨季时则需要依靠轮渡通行。这座竹桥本身就是极好的看点，因为每年它都要被重新手工搭建起来。乡村的岛屿上有很多寺庙。岛上最类似沙滩的就是旱季出现在岛四周的沙洲。骑自行车在这座小岛上旅行会感觉浪漫而温馨。

男人山和女人山
（Phnom Pros & Phnom Srei） 免费

🏠 **这两座山位于城外 7 千米处，在通往金边的路上**

Phnom Pros 和 Phnom Srei 的含义分别是雄山和雌山。当地关于这两座山的传说版本很多，其中一个版本是说：曾有两支队伍，一支由男人组成，另一支由女人组成，双方竭尽全力工作，就是为了能在天亮前第一个在山顶上建好一座寺庙。女人们生了大火，男人误把火光当成了日光，于是便放弃了工作，女人们因此赢得了最后的胜利，于是在婚姻中，女人不用再像以前一样事事须征得男人的同意。传说自然有趣，而这里的风光更是吸引人。Phnom Pros 是一个美丽的乡村，而 Phnom Srei 则充满野趣，这里的树上居住着很多的猴子。

超惠游 柬埔寨

Wat Hanchey 免费

🚢 乘船到此既便捷又可享受旅途之中的美景。可以在磅湛租一艘汽艇，价格为 10～12.5 美元。乘 7:30 出发去桔井的快艇，到这里下船会比较便宜，大约只需要 1.2 美元。游览之后可以搭乘公交车或是卡车回到磅湛

这是一座真腊时期建在山顶的宝塔，这里还有一座建于 8 世纪的砖质避难所以及其他建筑物的根基。这座古寺被湄公河风光包围，除了有厚重的历史感，也多了些波光水色、轻软柔情。旱季的时候不妨骑着自行车穿过美丽的河岸村庄来观光。

Prasat Kuk Yeay Hom

免费

🚌 位于苏翁（Suong）和磅湛之间，可以租乘当地的摩的前往

Prasat Kuk Yeay Hom 虽然被掩藏在一片稻田之中，而且被毁得不轻，但这座吴哥时期的建筑依然值得探访，尤其是对于对吴哥建筑着迷的旅游者而言。

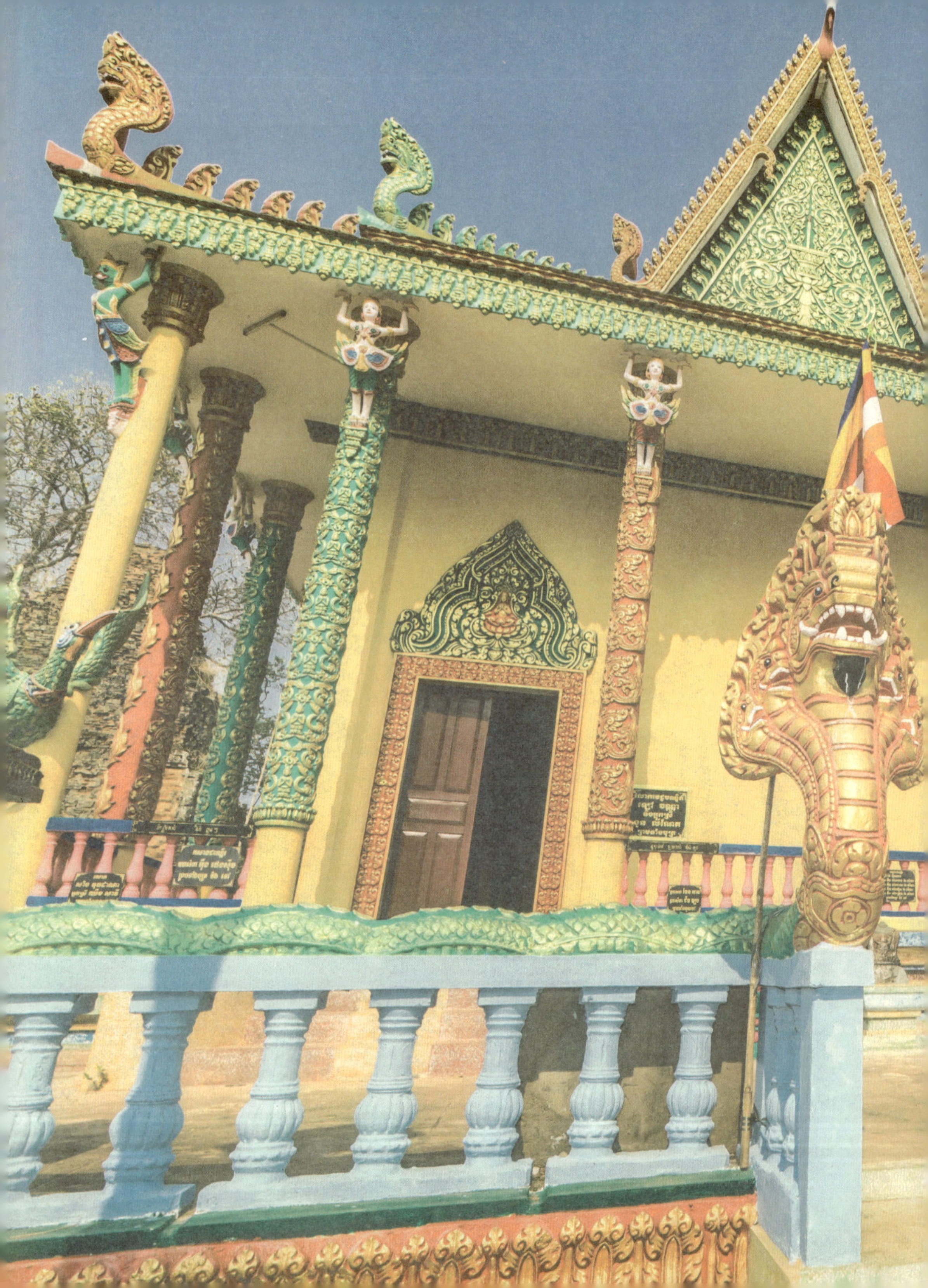

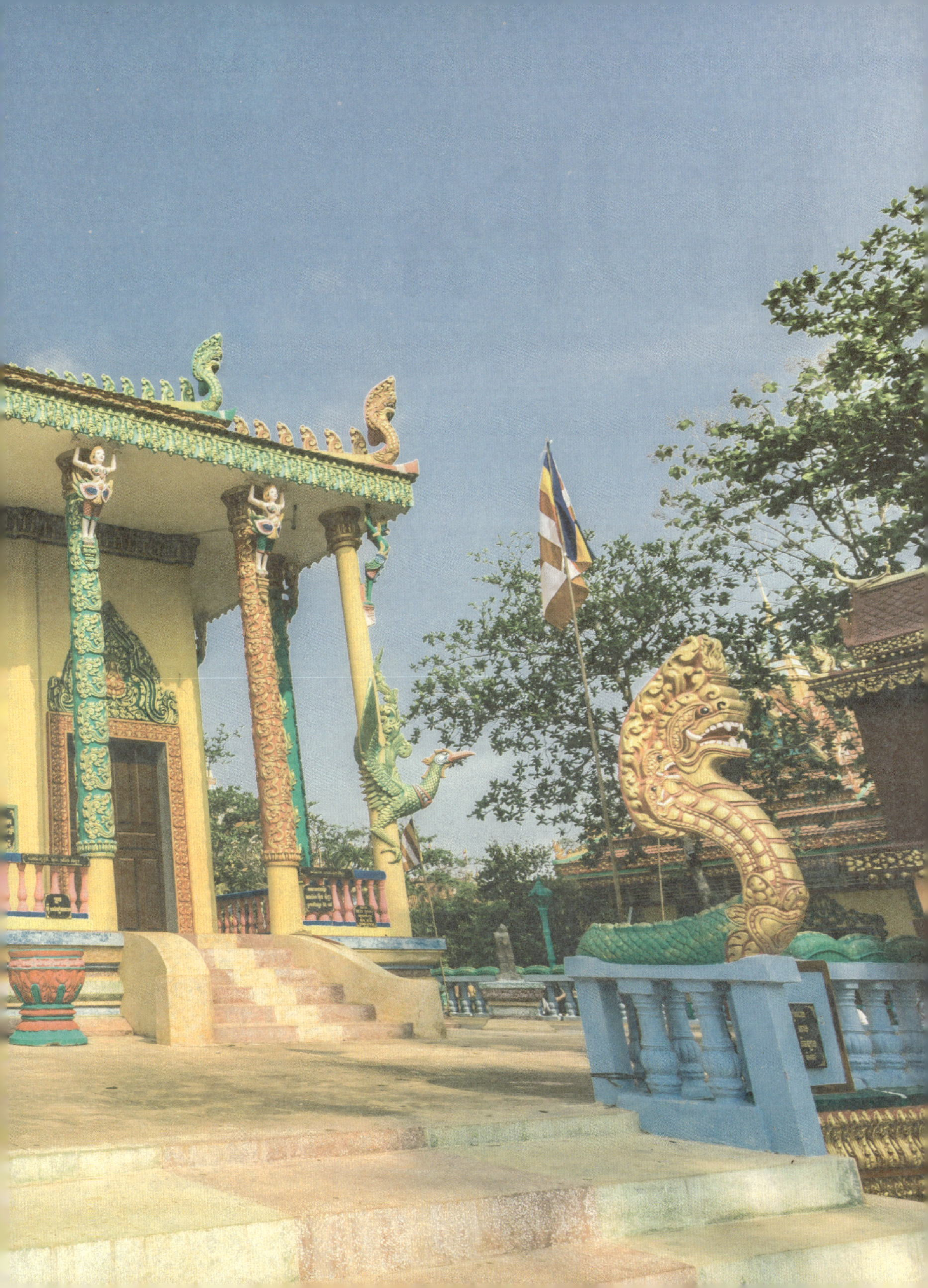

桔井省

横跨湄公河的桔井省如果说有什么吸引游人至此的理由的话，那一定是稀有的淡水海豚。这种海豚是在位于桔井市以北 15 千米处被发现的。另外，小巧而迷人的桔井城及其周边的乡村风光也是来此一游的最好理由。

淡水海豚生活在湄公河和伊洛瓦底江流域，而观赏湄公河上的美妙日落，还有那些古老的柬埔寨房屋则会有更大的惊喜。

Phnomsombok 免费

🚌 从桔井前往 Kampi 公路看海豚时会经过

　　Phnomsombok 是一座小山，上面有一座寺庙，从山上的寺庙可以看到湄公河的美景。

松博 免费
（Sambor）

🚌 从上丁出发沿上丁通往三丹的公路，在 10 千米处左转就到了。全程 35 千米

　　在三波坡雷古和真腊王朝时期，松博曾是一座繁荣的前吴哥城市，虽然现在已难找寻到当年的遗迹。现在的松博以建有柬埔寨当代最大的寺庙而闻名，这座寺庙由 108 根柱子支撑，建在一座 19 世纪的木质寺庙之上，是桔井居民朝拜的场所。

TIPS

欣赏海豚

　　伊洛瓦底江淡水海豚是一种生长在亚洲、濒临灭绝的物种。淡水海豚主要生活在柬埔寨和老挝境内的湄公河流域，另一部分生活在孟加拉国和缅甸境内与世隔绝的洞穴内。

　　据称现在桔井北部的湄公河流域可能还存活着约 75 只海豚，在桔井通往上丁公路 15 千米的 Kampi 可能会看到这种海豚，当地的摩托艇会带着游客近距离地观赏海豚。观赏海豚的最佳季节是旱季中最干旱的时节，而雨季只有在有经验的船夫的帮助下才能与海豚一见。

🚌 30 千米的路程乘摩的往返的价格在 3 美元左右。乘快艇到河中近距离看海豚每人收费 3 美元

腊塔纳基里省

少数民族、大象、瀑布和丛林使得腊塔纳基里省成为柬埔寨东北部最受游客欢迎的省份之一，但相比之下，这里最吸引人的还是各少数民族的风俗特色。腊塔纳基里省有12个少数民族，如波鲁族、加莱族、嘎作族、嘎威族、格楞族、潘朗族、东奔族等。一直以来，这些少数民族都固守着从祖先那里流传下来的奇风异俗，如喝坛子酒、妇女锯门牙、带大耳环、裸露上身、建青年密宫、送亡魂、种神树以及山地姑娘的独特手镯、山地族的铜锣等。尽管从服饰上来看，这里的少数民族没有泰国和越南的色彩丰富，但腊塔纳基里省的少数民族部落却也没有面临因旅游业而需改变其固有生活方式的境遇。这里的少数民族多以村庄或部落为单位，世世代代生活在深山老林中，由部落首领领导，过着刀耕火种、与世隔绝的生活，他们被视为柬埔寨的"土著人"，还保留着各自的语言和习俗。这里还有丰富的自然景观，如火山湖泊波依龙以及维罗杰国家公园。这些都使得腊塔纳基里省成为热门旅游目的地。行走在腊塔纳基里省的省会城市隆发的市场或街道上，你会因为偶遇附近的少数民族而时有惊喜。

波依龙
（Boeng Yeak lom） 免费

> 波依龙位于隆发以东5千米处。可以租乘摩的往返，费用约2美元。步行大约需要1小时

波依龙保护区内有一个据说是70万年前形成的火山湖，因为这个湖是一个完美的圆形，所以当地人都愿意相信它是由一块陨石撞击而形成的。也正因为此，周边的一些少数民族将这里视为圣地，并且认为水中存在神秘的生物。波依龙保护区在当地东奔族的掌管区域内，而走进部落中去感受他们的生活，也正是来到波依龙的意义。

如果想要详细了解保护区及当地民族的生活，最好找一个当地的向导一起游览，导游费一般为3~7美元。

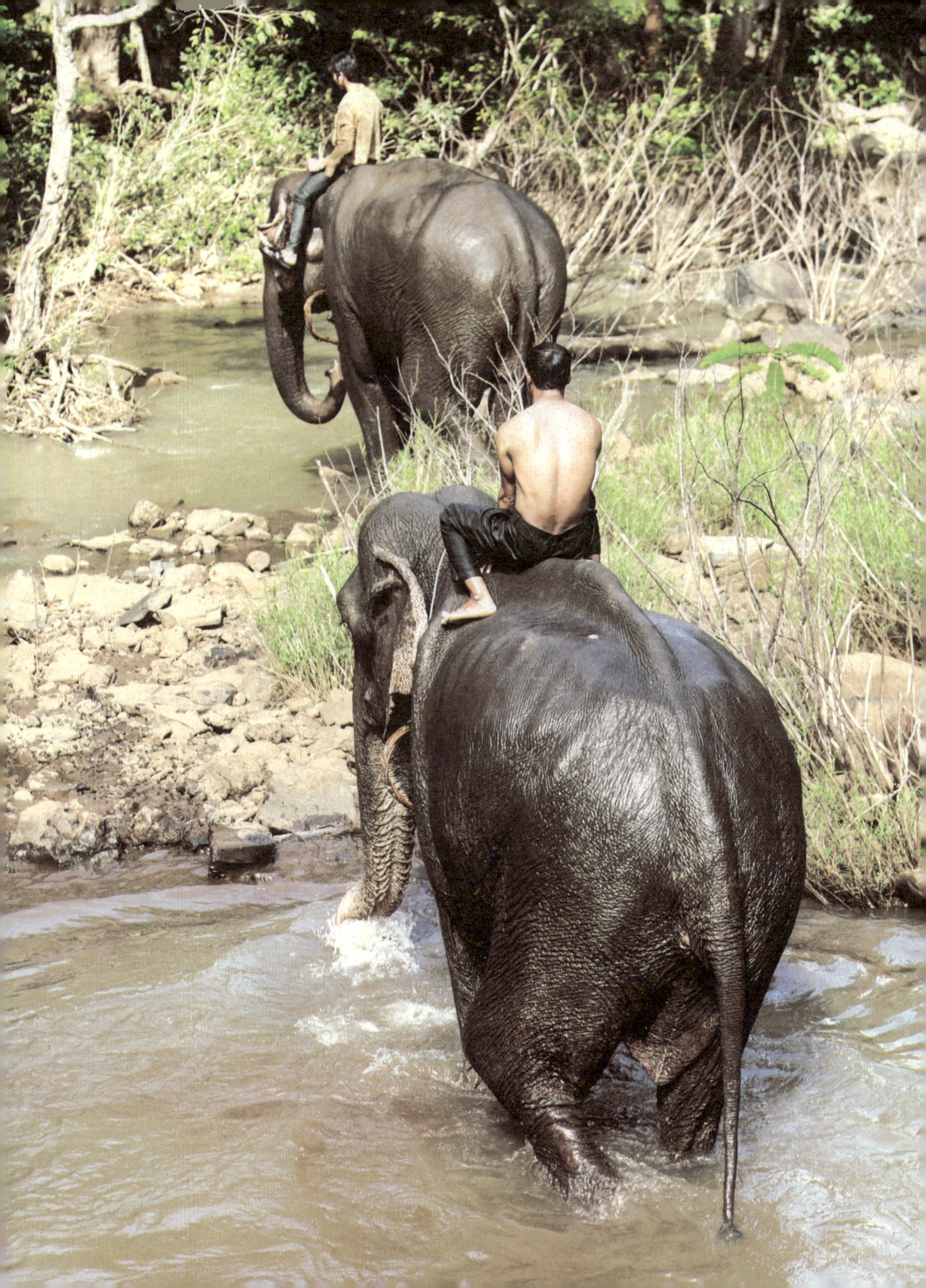

腊塔纳基里省瀑布

🚌 在隆发通往上丁方向 5 千米处有一块指示牌会指示方向

　　这里有 3 条游客喜欢的瀑布，第一条是 Chaa Ong，门票是 0.5 美元；第二条是 Ka Tieng，不收取门票；第三条是 Kinchaan，门票一样是 0.5 美元。Chaa Ong 在 3 条瀑布中最具气魄，它位于丛林的咽喉地带，游人可以从瀑布的后面攀上去。Ka Tieng 从一块岩石上直落而下，显得灵气十足。Kinchaan 是极有气派的 7 层瀑布，距离隆发只有 35 千米，路极难走，尤其是在雨季，基本上难以到达。最好在向导带领下在旱季前往。

维罗杰国家公园
（Virachey National Park）

🏠 Stung Treng, Ratanakiri Province 🚌 维罗杰国家公园总部的办公地点在隆发，但从上丁进入公园相对容易。Siempang 是公园的西大门，从西门进入看到野生动物的概率更大。旱季时从翁差乘摩托车 3 个小时就可以到达西门。这里的水路连接到上丁，乘船要 7.5 美元，但行程比较危险

　　维罗杰国家公园是柬埔寨最大的保护区。有无数大型野生动物隐居其间，环境复杂，所以从来没有被完整地考察过。目前这里已开发的观光旅游主要包括丛林游及露营活动。比较吸引人的是沿河徒步以及探访少数民族村落，可以在村中住宿，近距离地接触神秘的民族风情。当然，因为保护区神秘莫测，进入保护区内要得到相关的许可而且要有向导带领。

TIPS

骑象观光
　　隆发城内的旅馆可以安排从邻近村落到当地瀑布的短途骑象观光旅行。其中最经典的线路是从格楞族的村落到 Ka Tieng 瀑布，在一个小时的行程中，还会穿过景色怡人的橡胶园，最后来到壮观的瀑布前。收费标准是每人每小时 10 美元。

乘牛车观光
　　乘着牛车缓慢地穿过一座座民族小村庄，在阳光与绿色天地之间放飞心情。多数人会选择乘牛车去参观维罗杰国家公园，但路途之中却没有特别值得留恋的景致，或许单独安排去维罗杰国家公园才是正确的选择。

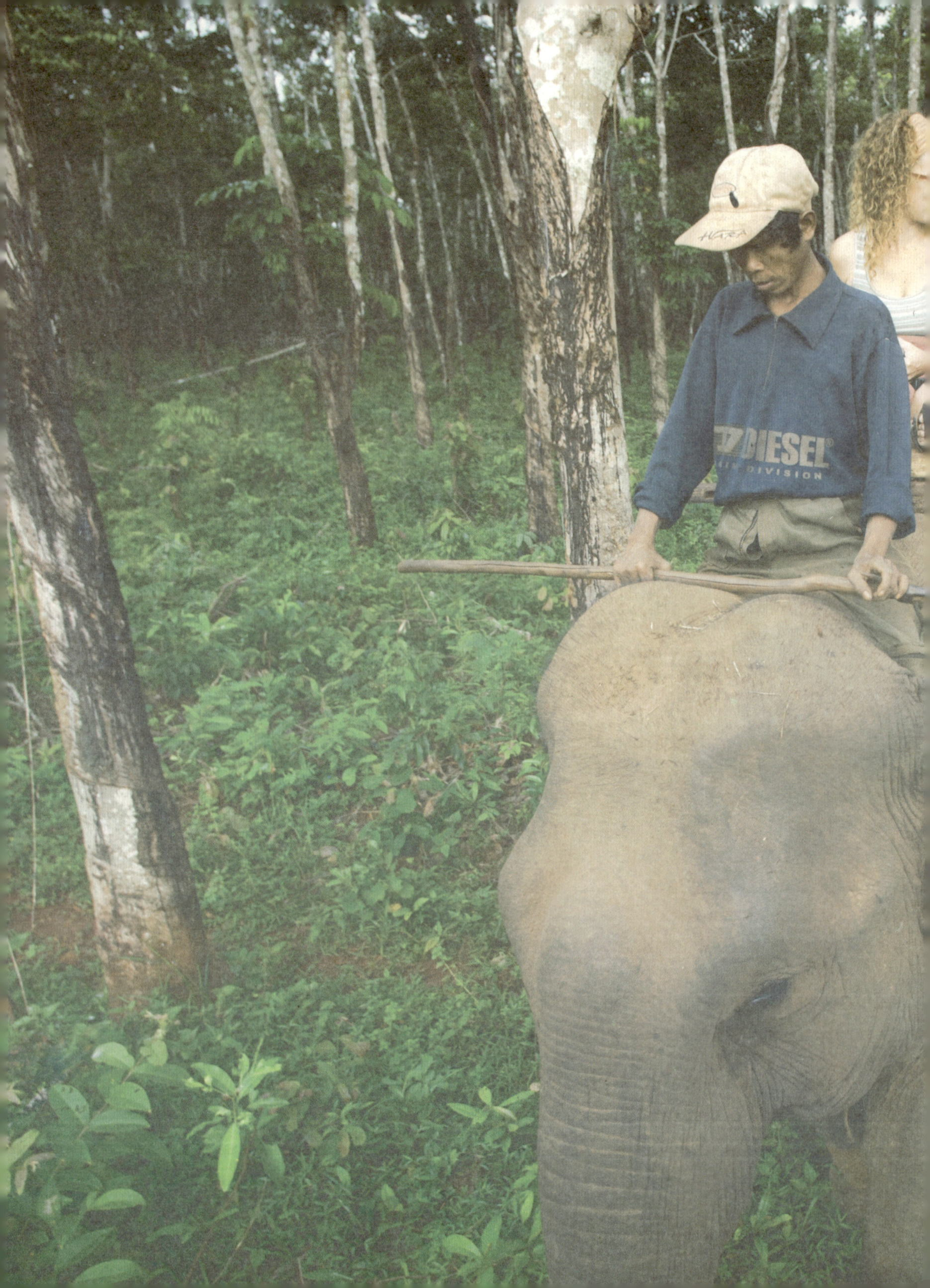
DIESEL
DIVISION

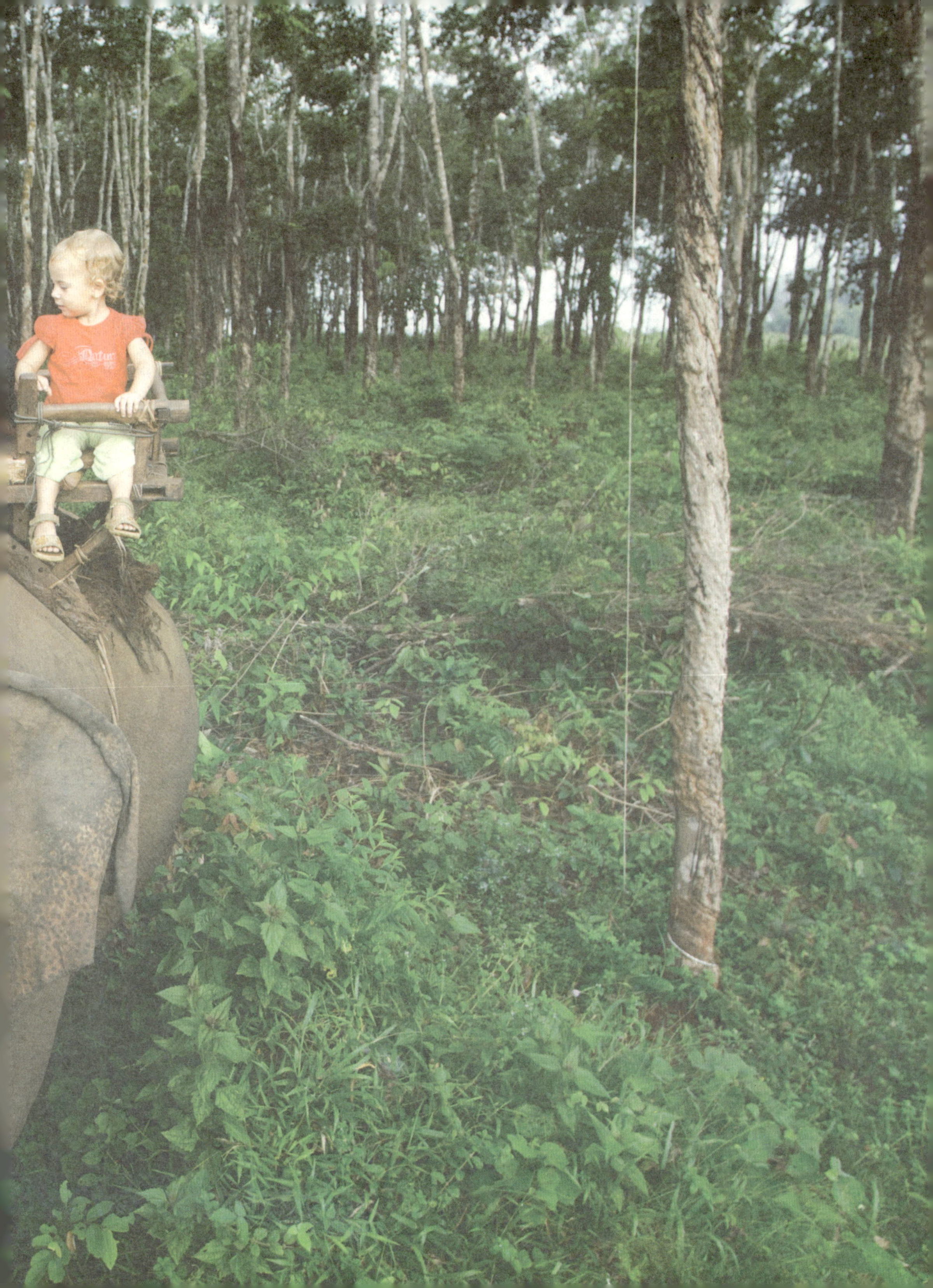

蒙多基里省

蒙多基里的地貌正像它名字的含义一样——群山聚集。这里平均海拔 800 米，雨季与旱季分明，昼夜温差大。这样的气候带来了独特的景色。这里的人口分散，据说每平方千米的人口平均仅为 2 人，而普龙族占了人口的一半，另外的一半人口也基本上为少数民族。

群山之中的美丽小城森莫诺隆（Senmonorom）是蒙多基里省的首府。小镇与湖泊相拥，湖光山色，颇有几分像瑞士风光。而在小城周边聚居着少数民族的村落，走在小街之上常会与背着篮子的普龙族人迎面相遇，这种极具情趣的小城令人流连忘返。这里的瀑布也为城市带来飞扬的气息。

莫隆诺瀑布
（Monourom Waterfall） **免费**

瀑布在城市西北 3 千米处，瀑布的水流并不大，但却因为身在森林之中而相当迷人。可以乘摩的往返这里，大概需要 3 美元。步行可以穿越被废弃的西哈努克别墅，遇到分叉路时向左走就能找到这个瀑布。

布萨瀑布
（Bou Sraa Waterfall） **免费**

双层的布萨瀑布是柬埔寨最大的瀑布之一，其上层的瀑布落差有 10 米，而下层的落差更是达到 25 米，气势磅礴，难得一见。在离瀑布不远的地方便有一个普龙族的村寨。如果喜欢这里可以选择留下来，因为村子里有小客栈和小餐馆，客栈每晚的房费约 2.5 美元。布萨瀑布在森莫诺隆以东 37 千米处，去这里的路况不好，途中需要穿越两条河流，还有一些溪谷。可以在森莫诺隆租摩的，或是与人合租吉普车。当然，不管怎样前往，都需要耐心和面对困难时的乐观态度，好在布萨瀑布是不会令人失望的。

TIPS

森莫诺隆周边聚集着不少瀑布。东南 18 千米处有低矮但宽广的 Romanear 瀑布。向东 25 千米有水流相对较大的 Dak Dam 瀑布，这个瀑布距离普龙村较近，可以顺路去拜访一下。当然，两个瀑布都不是太容易找到，若去，应该请当地人或向导带领。

TIPS

骑象观光

在森莫诺隆东北 7 千米处的 Phulung 村和西南 9 千米处的 Putang 村，都有这里传统的骑象观光的项目。多数的旅馆会帮助客人安排这样的观光游，价格为 25～30 美元，包括午餐费和到所住旅馆的接送费。

Long Vibol Guesthouse 会组织夜间骑象观光及在丛林中的夜间露营，费用是每人 60 美元。Pech Kiri Hotel 提供到 Kbal Preah 瀑布的骑象观光，包括在木质平台上过夜，费用为每人 80 美元。

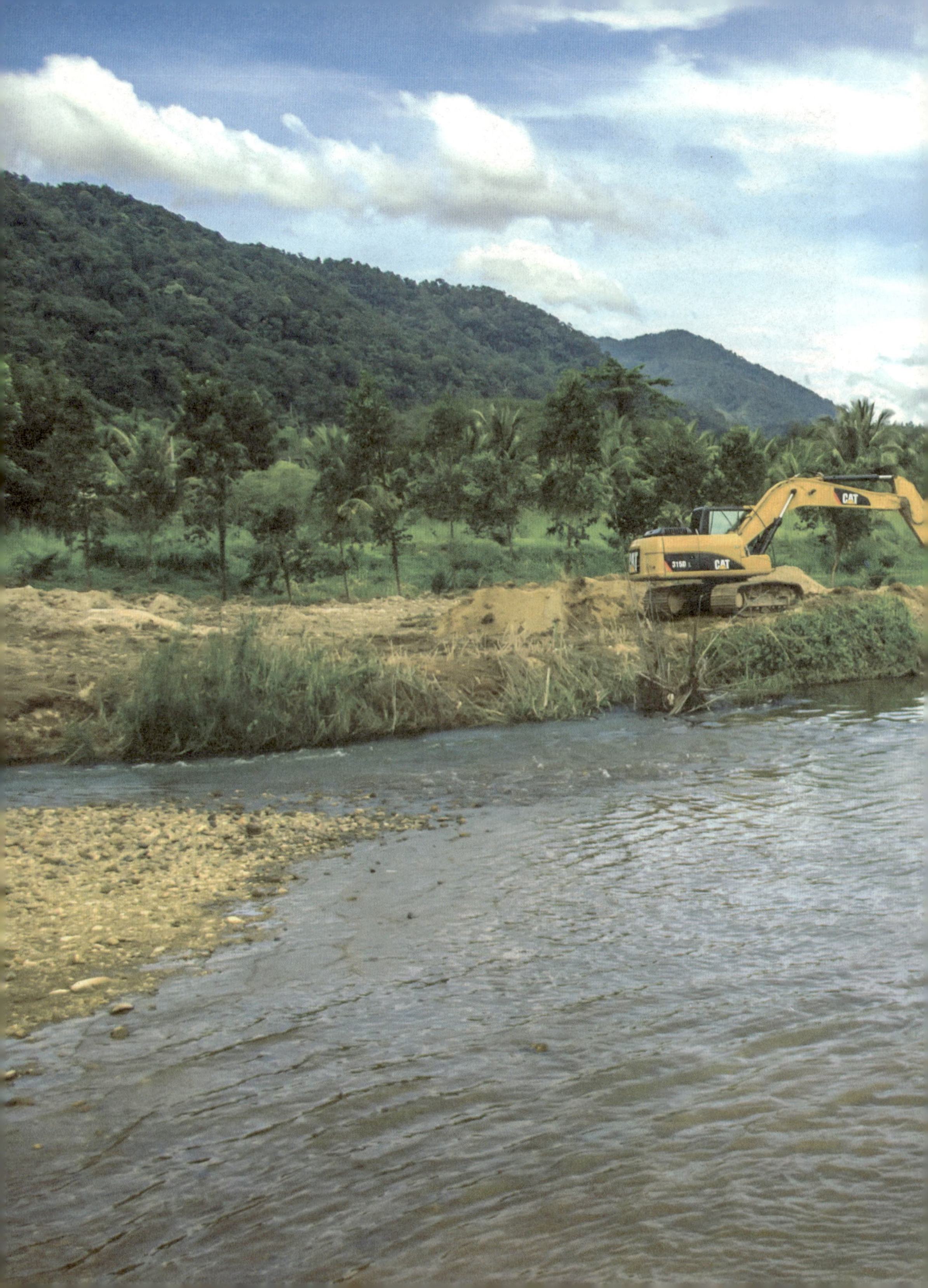
CAT
315D
CAT

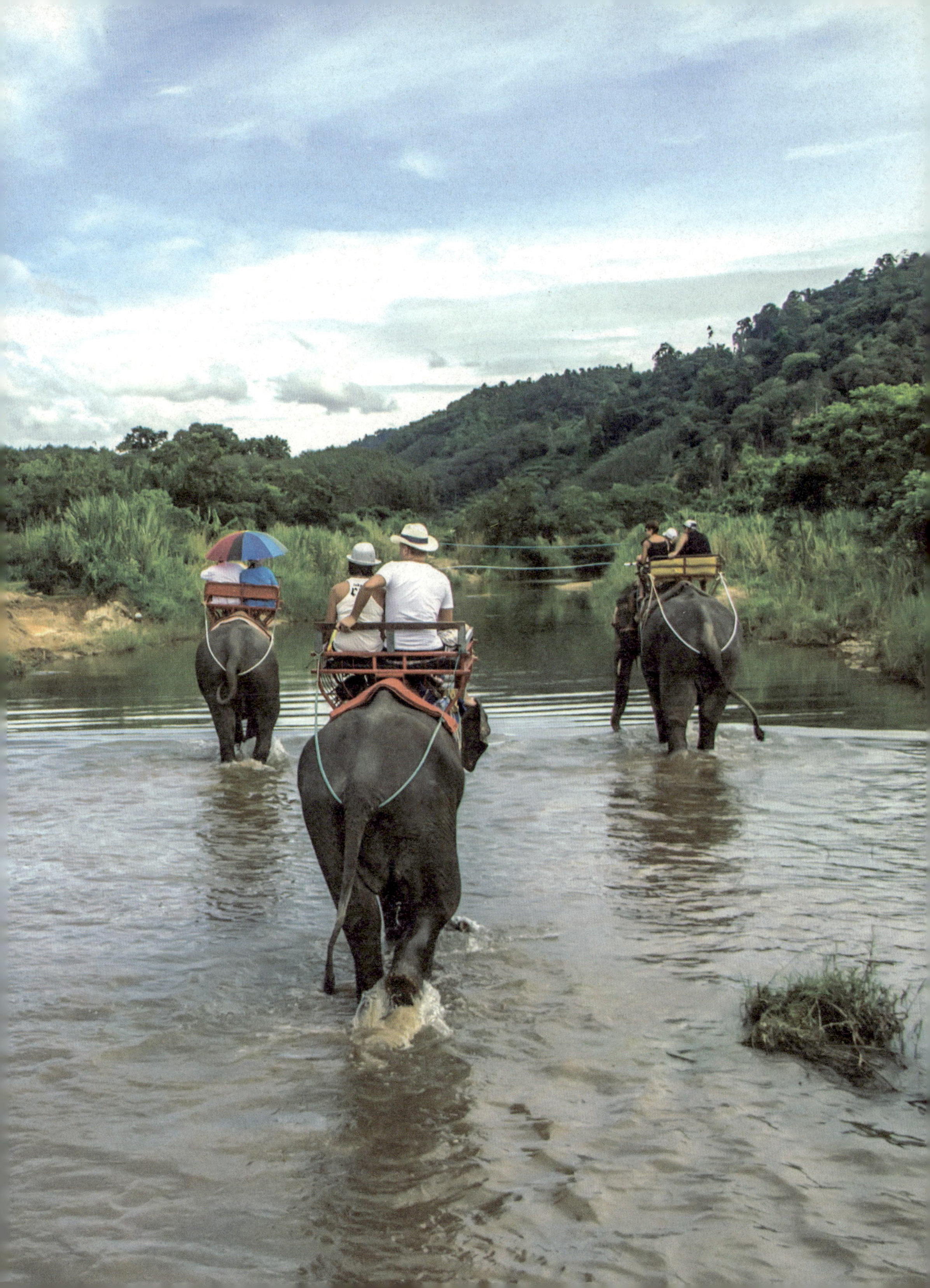

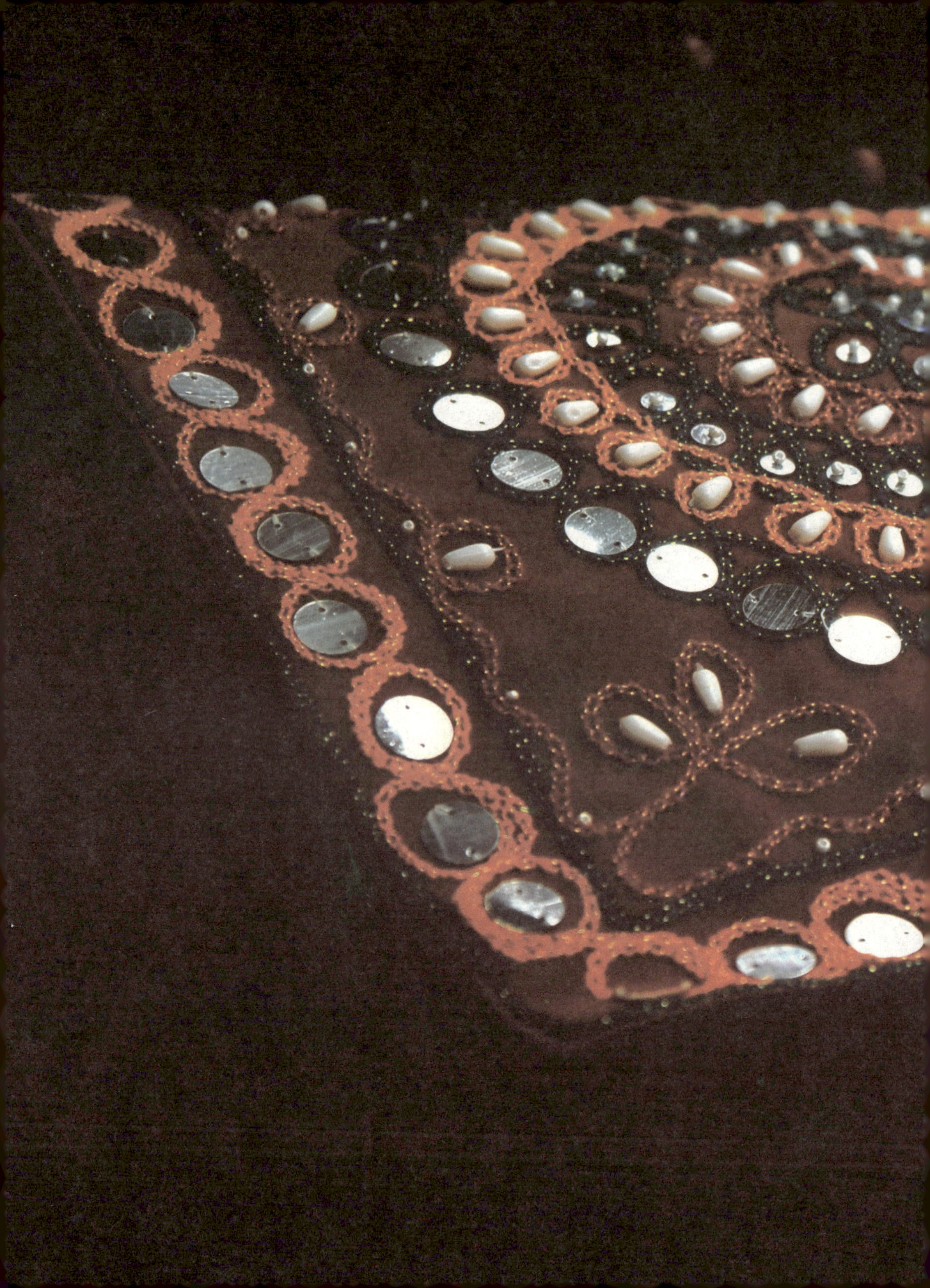

柬埔寨吃住购

好好吃！ 舒服住！ 买买买！

柬埔寨吃住购

好好吃 IT'S SO DELICIOUS

金边

Lotus Blanc
51, Pasteur, Phnom Penh, Cambodia
00855-63965555　7:00-22:00
人均消费：人民币200～300元　www.lotusblancresort.com

这是一家公益餐厅，食物出自酒店职业学校（Hotel Training School）的学生之手。虽然不能够保证食物味道独一无二，但是至少这里的食物制作是极为用心的。推荐咖喱汤、米线。特别推荐的是，在这里能够品尝到惊悚的油炸毒蜘蛛，炸得入味的蜘蛛笔直地伸展着，比手掌还要大许多，看得人毛骨悚然。

Tepui at Chinese House
45 Sisowath Quay（Cross Street 84），Phnom Penh, Cambodia　00855-23991514　周一至周六 18:00-22:30　人均消费：人民币100～300元　www.tepui.asia

这是金边最好的餐馆之一，音乐和食物出众，是一个和朋友聚会，欢度夜晚的好地方。餐厅主营南美菜、地中海菜。绝佳的东西合璧的装修方式和美味的料理都让来到这里的顾客深深称赞。

Topaz
182 BLVD Preah Norodom，Sangkat Tonle Basak, Khan Chamcar Mon, Phnom Penh, Cambodia　00855-23221622
人均消费：人民币244～731元

作为一家在金边的法国餐厅，这家的法国菜还是很地道的，品相精美，味道也很细腻。特别推荐人气菜品扇贝（Scallops）和法式小羊排（French lamb）。

Friends Restaurant　**省钱**
House 215，Street 13, Phnom Penh, Cambodia　00855-12802072　人均消费：人民币30～60元

这家店装饰很简单，但特别干净；食物种类丰盛，美味可口；服务周到、及时、贴心，但是不会打扰到顾客。服务员会等你示意已品尝完一道菜后再上菜，而不是不停地上菜。18:30之后到的话可能需要等位。特别推荐南瓜汤、鸡肉咖喱、橘味白酒巧克力慕斯。

Karma Restaurant & Bar

省钱

🏠 273c Sisowath Quay（The Riverside），Phnom Penh, Cambodia

☎ 00855-12422400　¥ 人均消费：人民币 12～37元

餐厅位于金边河岸边，风景优美，环境一流。菜单很丰富，涵盖了印度菜、高棉菜、西餐。特别推荐高棉菜阿莫克鱼、西餐哥顿布鸡排，都是不可多得的物美价廉的美味。

TIPS

酒吧

夜总会、舞厅、KTV，都是金边晚上主要的娱乐场所，尤其以 KTV 最为热门，但消费并不便宜。酒吧主要位于洞里萨河畔的皇宫附近，这里有多间风格各异的小酒吧、小旅馆。晚上，呼吸着洞里萨河散发出来的略为湿润的空气，迎着热带的习习微风，或于河边小憩，或与三五知己于酒吧内喝喝啤酒，或围着皇宫闲庭信步，这种悠游的乐趣难以言表。比起白天的喧闹，夜晚这里平添了几分浪漫、几分惬意。

传统舞蹈

如果要体验高棉传统的音乐和舞蹈，可以参加每天 9:30 从湄公岛公园办公室出发的旅行。整个行程包含参观动物园、骑大象及舞蹈表演。皇家艺术大学在 70 街北，学校教职员致力于保存高棉的传统，只要参观者能保持安静，照相时不用闪光灯，学校欢迎外国人来参观。

音乐演出

金边的现场音乐演出并不多。Memphis Pub 在 118 街，可以说是城里演奏现场音乐最好的地方。周二至周六晚上有乐队现场演奏摇滚音乐，周三晚上有摇滚乐即兴演出。

柬埔寨吃住购 · 好好吃 · 舒服住 · 买买买

189

暹粒

红钢琴 *省钱*
The Red Piano

- No.341, Siem Reap, Old Marke 西北 50 米处 00855-63963240
- 人均消费：人民币 30 元
- www.redpianocambodia.com

餐厅黑红色装潢，是经过修复的殖民地老房子，位于十字路口，楼下是酒吧，楼上是餐厅。距 Soup Dragon 很近。因为安吉利娜·朱莉在拍摄《古墓丽影》时光临过，从此餐厅更是名声大噪。现在店里面还陈列着电影的巨幅海报和朱莉用餐时的倩影，店里更有以电影命名的主打鸡尾酒，价格和食物的质量都还不错。推荐招牌 Red Piano 奶油蘑菇意大利面，18:00-20:00 还有免费的吴哥啤酒 Angkor Beer，千万不要错过。

吴哥棕榈餐厅
Angkor Palm Restaurant

- Hospital Street, Siem Reap, Cambodia
- 00855-63761436 人均消费：人民币 84 元
- www.angkorpalm.com

这是一家拥有自家有机农场的健康餐厅，餐厅主人旅法 31 年，后来决定回到祖国柬埔寨经营餐厅。这家餐厅比较注重还原传统高棉菜的味道，并以西方餐饮业规定为标准，保证食客们可以吃得放心。餐厅拥有自己的有机农场，可以每天为这里提供最新鲜的优质的农产品。他家最有名的菜品是 Amok 拼盘，有 6 种当地特色的高棉菜肴，不过每样量都很少。

高棉厨房餐厅 *省钱*
Khmer Kitchen Restaurant

- Mondul I, Sangkat Svay Dangkum, Siem Reap, Cambodia 00855-12763468 人均消费：人民币 30 元
- www.khmerkitchens.com

这是当地最具人气的高棉菜餐厅，经过改良的高棉菜变得更加健康、美味。餐厅在老市场里，是西方人在暹粒经营的餐厅，异域风格，环境不错。燠热的中午，坐在二楼靠窗的桌子，喝着冰冰的吴哥啤酒，等待炎热过去，十分舒适惬意。

蓝色南瓜 *省钱*
The Blue Pumpkin

- 365 Mondol 1, Svay Dang Kum, Siem Reap, Cambodia 00855-63963574
- 人均消费：人民币 22.5 元
- www.tbpumpkin.com

这家餐厅在游客和当地人中非常受欢迎，餐厅因新鲜烘焙的面包、糕点以及美味的冰激凌而闻名。他们的食物和饮料具有非常高的性价比。二楼是简约的白色设计风格，提供可以随意躺卧的床铺和免费的无线上网设备。在这家暹粒最好吃的冰激凌店，可以选择甜筒装或杯装，特别推荐榴梿冰激凌（Durian Icecream）。还有很多用热带水果做成的冰激凌，在中国国内是吃不到的。

柬埔寨人 BBQ
Cambodian BBQ

🏠 The Passage Old Market Siem Reap, Angkor, Pub Street, Siem Reap ☎ 00855-63966052 ¥ 人均消费：人民币 80 元

　　这家店位于暹粒繁华的酒吧街 Pub Street。在柬埔寨人 BBQ 可以品尝到包含 12 种肉类的柬埔寨火锅，包括牛肉、鱼肉、鸭肉，还有鳄鱼肉和鸵鸟肉，既能喝汤，又能烤肉。此外青香蕉沙拉也十分爽口。就餐高峰时间需要等位，最好提前预约。

吴哥

　　如果不想回酒店浪费宝贵的时间，中午可以在景区简单吃点，但是主要的餐厅美食还是在暹粒，请参阅暹粒餐饮内容。

西哈努克市

新海景别墅
New Sea View Villa

🏠 Serendipity Beach, Sihanoukville, Cambodia ☎ 00855-92759753 🕐 8:00-16:00, 18:00-22:00；周日休息 💰 人均消费：人民币 24 ~ 60 元 🌐 www.sihanoukville-hotel.com

餐厅距离奥彻蒂尔海滩约步行 5 分钟的距离，这里供应全城最好吃的美食，菜单别致，种类丰富。可以在浪漫的气氛下享受烛光晚餐。餐厅供应的甜点都是自家烘焙的，特别推荐柠檬芝士蛋糕，可以选择配上不同口味的冰激凌。

Sandan

🏠 Sokha Beach Road, Sihanoukville 12345, Cambodia ☎ 00855-344524000 💰 人均消费：人民币 18 ~ 49 元 🌐 www.mloptapang.org

餐厅精致，环境干净，价格实惠，经营高棉菜，在当地颇具人气，适合露天就餐。此外，餐厅最特别的地方是，餐厅老板参加了非政府组织 NGO 的公益项目，他会雇用当地想要学习烹饪的柬埔寨年轻人，给他们工作，并给予专业的培训。

Nyam *省钱*

🏠 Tola street, Off Golden Lions Rounabout, Sihanoukville 2, Cambodia ☎ 00855-92995074 💰 人均消费：人民币 12 ~ 24 元 🌐 www.nyamsihanoukville.com

餐厅经营高棉菜，食材新鲜，价格便宜，选择海鲜类料理，绝对错不了。餐厅员工十分专业、有效率，特别推荐 Tum Yum 汤，还有甜点油炸香蕉。

西哈努克马蒂尼海滩
Martini Beach Sihanoukville

🏠 Occheteuil Beach – North, Sihanoukville, Cambodia 💰 人均消费：人民币 30 ~ 60 元 🌐 www.martinibeachsihanoukville.com

这是一家景观餐厅，主营意大利菜，选用新鲜的海鲜、蔬菜，还有优质的进口意大利葡萄酒。推荐比萨、烤乳猪、烤鱿鱼和带骨牛排。

厄尼的汉堡
Ernie's Burgers

🏠 Mithona Street, Sihanoukville 18000, Cambodia ☎ 00855-098844400 💰 人均消费：人民币 18 ~ 49 元 🌐 www.erniesburgers.com

这家餐厅经营西式快餐，与传统快餐店不同的是，你可以在厄尼的汉堡店动手制作自己的汉堡，根据口味喜好加入不同的食材，这会是一次新鲜的美食体验。

戈公省

Thmorda Crab House 省钱
🏠 169, Neang Kok Village, Pak Klong Commune, Koh Kong, Cambodia
☎ 00855-356901252 💰 人均消费：人民币 18～61元

这家景观餐厅位于 Tatai 河畔，经营高棉菜、泰国菜，以海鲜为主。食物美味，有的食客会从泰国开车前来用餐。推荐碳烤红鲷鱼配三种酱汁（Fried Red Snapper in Three Sauces），量大实惠。

胖子山姆餐厅
Fat Sam's
🏠 The Roundabout Town Centre Koh Kong, Koh Kong, Cambodia ☎ 00855-977370707 💰 人均消费：人民币 30～60元

餐厅主营高棉菜和西餐，也经营素食，因此这也是素食主义者喜欢的餐厅。推荐炸鸡肉排、鱼和薯条，再加上一杯桶状柬埔寨冰啤酒就再完美不过了。

贡布省

史诗艺术咖啡馆 省钱
Epic Arts Café
🏠 #67 Oosaupia Muoy, Sovann Sakor, Kompong Kanda, Kampot, Cambodia
☎ 00855-92922069 💰 人均消费：人民币 6～30元

餐厅主营面包、咖啡，可以来这里享受一顿早餐或早午餐，店里使用新鲜的食材，推荐美味实惠的三明治，英式松饼配上洋葱酱，味道十分奇妙。

Rikitikitavi
🏠 Riverside Road, Kampot, Cambodia
☎ 00855-12235102 💰 人均消费：人民币 18～49元

餐厅很受当地人的欢迎，需要提前预约，不然需要等位。餐厅主营高棉菜和西式菜肴，肉烹饪得很是鲜美，服务员也十分热情。

贡布浓缩咖啡店
Cafe Espresso Kampot
🏠 #17, Kampot 07402, Cambodia ☎ 00855-92388736 💰 人均消费：人民币 12～30元

这家咖啡店经营的咖啡非常美味，也适合来吃早餐和午餐。推荐玉米馅饼、班尼迪克煎蛋，如果带孩子来这家餐厅，还能提供玩具和孩子专用的 Baby-Cino 菜单。

白马省

白马餐饮当然以海鲜为主。海边有一些小屋子，这里新鲜的螃蟹在全国都算是便宜的，每千克大约1.25美元。

马德望省

Nary Kitchen
🏠 No. 650 Group 32, Prekmohatep, Battambang 00001, Cambodia ☎ 00855-12763950 🌐 www.narykitchen.com

餐厅主营高棉菜，还提供3小时的烹饪课程，可以学习烹饪3道地道的高棉菜，负责授课的就是老板Nary，而员工Toot能说一口流利的英语，随时给予帮助。

Jaan Bai Restaurant
🏠 Corner 2 Street and 1 1/2 Street, Battambang, Cambodia 💴 人均消费：人民币30～60元

餐厅主营混合菜式，包括高棉菜和其他亚洲菜式，如咖喱鱼、传统春卷等。特别推荐蔬菜饺子。需注意的是，餐厅周一不营业。

茶胶省

在独立纪念碑周边有许多小吃摊，晚上在这里还能品尝到柬埔寨甜点和果汁饮料。

Gecko Café *省钱*
🏠 Street # 3, Battambang, Cambodia ☎ 00855-17712428 💴 人均消费：人民币18～37元

当地十分有名的咖啡店，特别推荐柬埔寨云吞、春卷和沙拉，店里的服务员全是女性，待客友好。

Cafe Eden *省钱*
🏠 House #85 Group 5, Mapei Outsapeea Village, Battambang, Cambodia 💴 人均消费：人民币15～30元

这家餐厅主营美式菜式，鲜嫩多汁的汉堡，配上特制的咖啡，甚是美味，可以上二楼就座，有空调。

菩萨省

在 NH5 路边有许多便宜的餐馆，0.5 美元左右就能吃得不错。

柏威夏省

如此偏僻之地，就别指望大吃大喝了，市场上有一些食品摊。不要对餐馆有太高的期望。

磅同省

市内的餐馆不多，就像所有柬埔寨西北城市一样，市场的小吃摊是通常的选择。

磅湛省

微笑餐厅 *省钱*
Smile Restaurant

🏠 No.6, Street 7 Riverside, Kampong Cham, Cambodia ☎ 00855-017997709
¥ 人均消费：人民币 6～30 元 🌐 www.bsda-cambodia.org

主营高棉菜、越南菜和西餐，餐厅属于非政府组织 NGO，是为了给当地柬埔寨年轻人提供工作机会而开设的。餐厅四周有很多竹子，食物很美味，还在培训的柬埔寨年轻人总是会不时给你一个微笑。

Lazy Mekong Daze *省钱*

🏠 Kampong Cham, Cambodia
¥ 人均消费：人民币 10～30 元
🌐 http://www.beersville.co.uk/lmd/index.htm

餐厅提供早午餐、夜宵，老板及员工都非常热情，这里除了美味食物，他们还会给你的旅行提供很多有用的建议和帮助。

桔井省

日落餐厅 *省钱*
Red Sun Falling

🏠 Rue Preah Sumarit Town, Kratie, Cambodia ¥ 人均消费：人民币 30～60 元

这家人气餐厅上菜速度很快，主营高棉菜和西餐，推荐烤肉，价格公道，是一家在桔井旅行时不可错过的餐厅。

腊塔纳基里省

Pteas Bay Khmer *省钱*

🏠 Village 6, Sangsat Labanseak, Banlung 000, Cambodia ☎ 00855-979167221
¥ 人民币 12～30 元

餐厅服务员很年轻，会热情地帮助你选择菜单，餐厅主营当地特色美食，你还可以尝试自己制作春卷，店里提供免费 Wi-Fi。

蒙多基里省

Sovannkiri *省钱*

🏠 NH76, Sen Monorom, Cambodia
☎ 00855-974744528 ¥ 人均消费：人民币 10～30 元

餐厅经营高棉菜和西餐，价格公道，食物美味，特别推荐汉堡，其中蔬菜汉堡健康又可口。

Mondulkiri Pizza *省钱*

🏠 Kandal Village, Sen Monorom, Mondulkiri Province ☎ 00855-975222219 ¥ 人均消费：人民币 10～30 元

如果你想在蒙多基里省品尝比萨，这一家小餐馆能满足你，这里主要经营美味的比萨。

柬埔寨吃住购 · 好好吃 · 舒服住 · 买买买

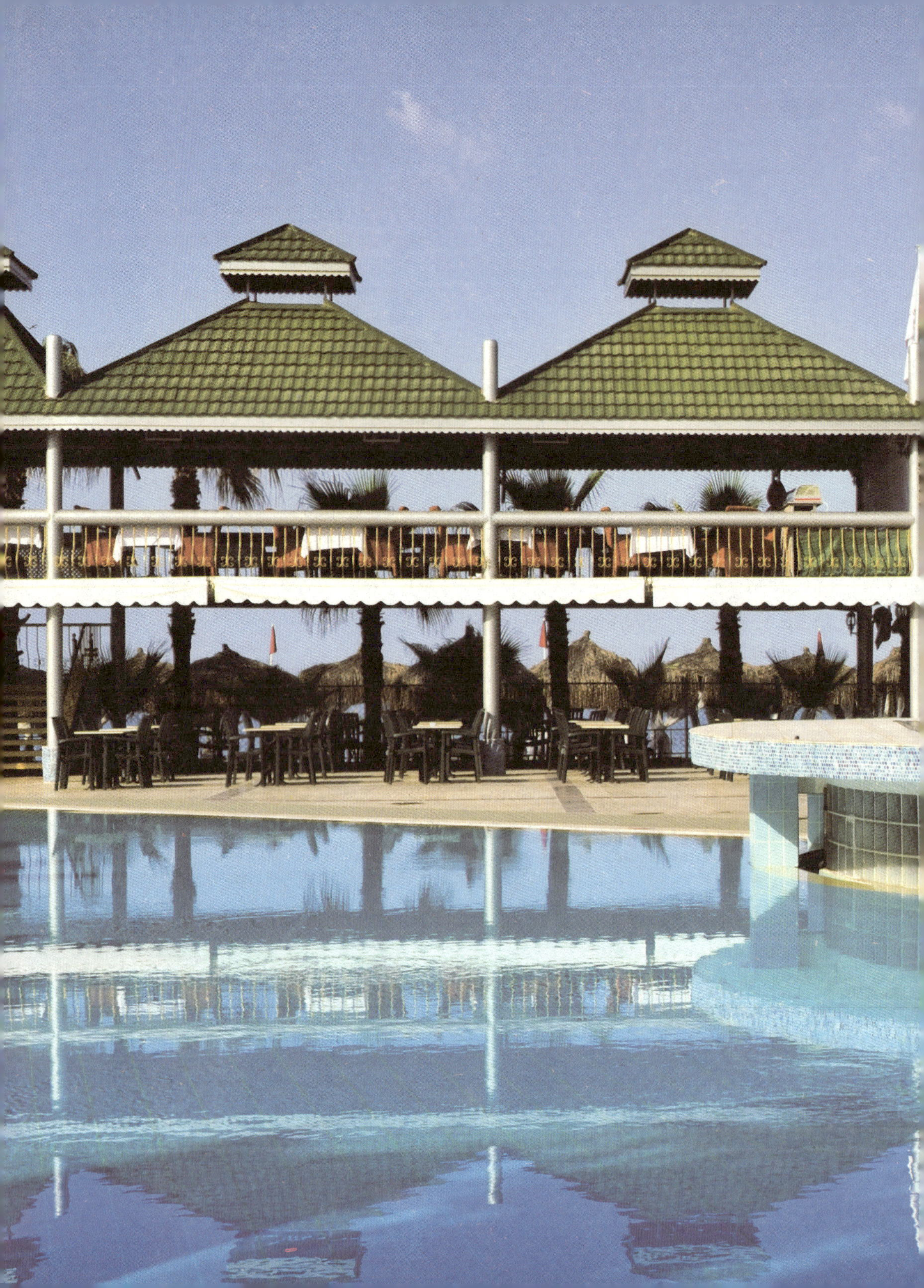

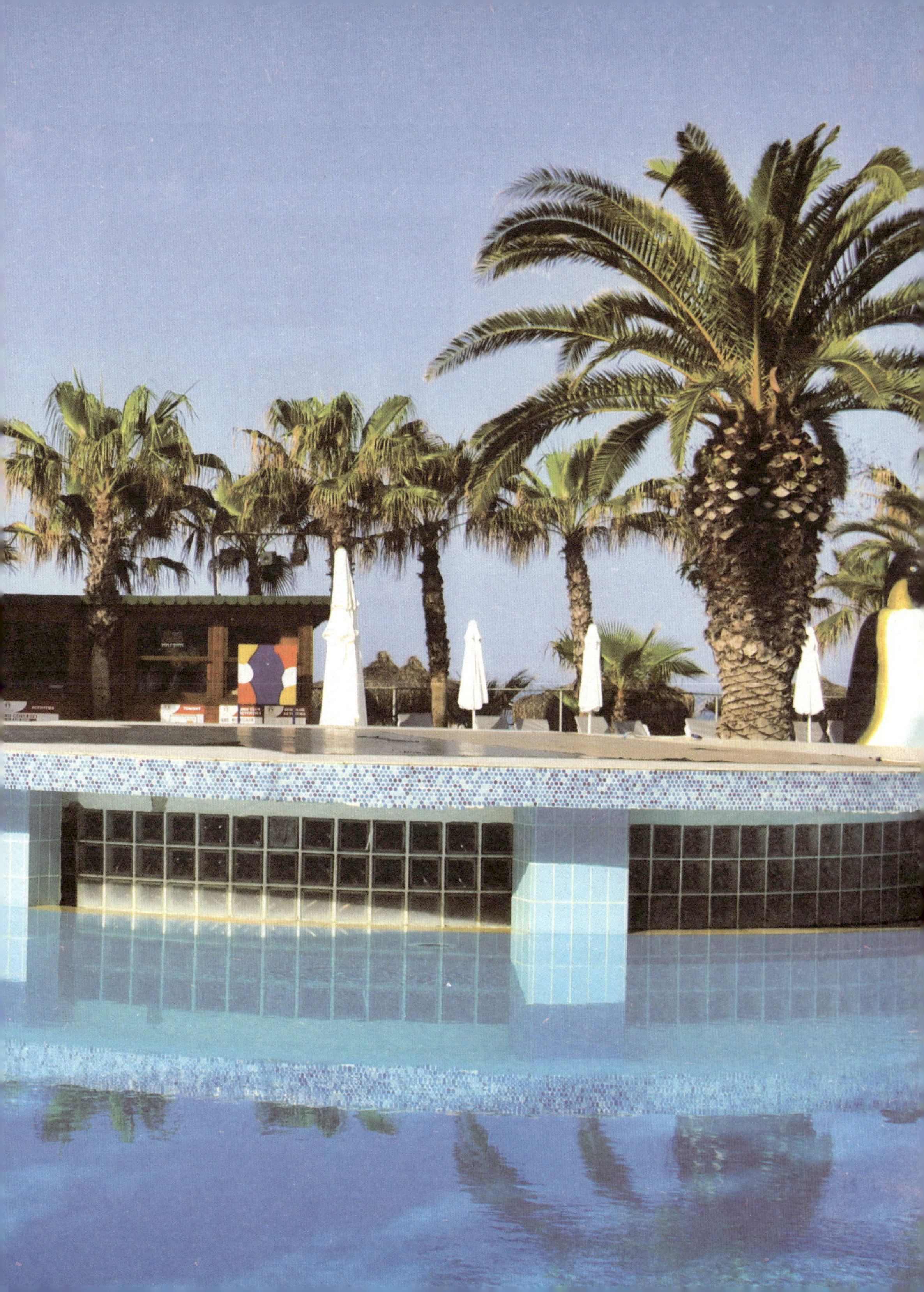

🛏 舒服住　COMFORTABLE LIVING

金边

卡莫里背包客旅舍　**省钱**
Camory Backpackers Hostel

🏠 #167 Sisowath Quay, Sangkat Phsar Kandla 1 Khun Doun Penh, Phnom Penh 85523, Cambodia ☎ 00855-12664567

💰 人民币 145 元起，已含 10% 的增值税，2% 的城市税，5% 的服务费

　　这是金边最好的青年旅社之一，只是比较难预订。旅馆距离塔山（Wat Phnom）仅有 5 分钟的步行路程，距离皇宫、国家博物馆和夜市都有 10 分钟的步行路程，靠近公交车站。可以在餐厅或阳台上享用高棉和西式美食，旅馆设有公用浴室设施，并提供免费洗浴用品。宿舍提供个人储物柜、床上用品和毛巾。

亭苑酒店
The Pavilion

🏠 227, Street 19, Khan Daun Penh, Phnom Penh, Cambodia ☎ 00855-23222280 💰 人民币 347 元起，不含 10% 的服务费和 10% 的酒店税 🌐 www.thepavilion.asia

　　这里无论是公共区域还是房间都有很多东南亚风格的装饰，酒店拥有美丽幽静的庭院、充满异域风情的浅黄色洋楼、漂亮的泳池、散放在庭院中泳池边舒适浪漫的躺椅、精致有格调的装饰设计，有点旧日情怀，而且酒店距离王宫和国家博物馆都是 5 分钟左右的步行路程，十分方便。

素馨花皇家宫殿酒店
Frangipani Royal Palace Hotel

🏠 27, Street 178, Phnom Penh 12300, Cambodia ☎ 00855-16581045 💰 人民币 490 元起，不含 10% 的服务费和 10% 的酒店税 🌐 www.frangipanipalacehotel.com

　　酒店位置优越，坐落于水畔的中心地带，酒店离市中心不远，仅有 0.5 千米，去机场也仅需要 30 分钟。对于喜欢热闹的游客来说，这里靠近欧那隆寺、Samdech Sothearos 街、国家博物馆的位置再合适不过了。从漂亮的屋顶泳池可以俯瞰大皇宫的迷人夜景，这是酒店的一大亮点。早餐的种类也比较丰富。

白公馆精品酒店
White Mansion Boutique Hotel

🏠 26 Street 240, Phnom Penh 12207, Cambodia ☎ 00855-89372700 💰 人民币 695 元起，不含 10% 的服务费和 10% 的酒店税

　　白公馆精品酒店原是美国驻柬埔寨大使馆的旧址，这是一家十分别致的精品酒店。酒店距离金边国际机场 8.2 千米，附近是皇宫和国家博物馆，位置优越。室内螺旋状的楼梯很令人惊艳，无线网络既稳定又快。酒店的泳池不大，四周栽满植物，营造出很隐秘的氛围，而且可以 24 小时使用。

莱佛士皇家酒店
Raffles Hotel Le Royal

🏠 92 Rukhak Vithei Daun Penh | Sangkat Wat Phnom, Phnom Penh, Cambodia ☎ 00855-23981888 ¥ 人民币 1 234 元起，不含 20% 的酒店税 🌐 www.raffles.com/phnom-penh/

　　莱佛士皇家酒店的建筑是殖民地时期的古老风格，至今还保留了那时候的电梯。这是一家外观有些破旧，但内部无比豪华，且历史悠久的酒店。工作人员友好，食物美味。酒店地处市中心，可以轻松前往任何地方。附近有塔山寺，离中央市场和索亚购物中心1千米左右。

暹粒

金武夫客栈
Golden TaKeo Guesthouse

省钱

🏠 #123, Wat Bo Road, Wat Bo Village, Sankat Salakamreuk, Siem Reap, Cambodia ☎ 00855-12785424 ¥ 人民币 100 元起，不含 10% 的服务费和 10% 的酒店税 🌐 www.goldentakeoguesthouse.com

　　客栈距离暹粒国际机场 7.8 千米，毗邻吴哥柏威夏春景、吴哥遗址微缩景观公园、夜市和吴哥购物中心。到老市场的话，走路20 分钟，骑自行车 5—8 分钟，嘟嘟车 5 分钟，花费 1.5 美元。客栈免费早餐品种丰富，若想要赶去看日出也可以将早餐打包。如果你想知道任何的旅游信息，老板都会很详细地告诉你，给你提供非常有用的意见。

母亲之家宾馆
MotherHome Guesthouse

🏠 Wat Bo Street, Wat Bo Village, Slor Kram Commune, Siem Reap, Cambodia ¥ 人民币 164 元起，不含 10% 的服务费和 10% 的酒店税

　　宾馆是传统的柬式风格，建筑内隐约可以闻到淡淡的佛香味，很舒服。这里的服务非常不错，旅客一来就送上冰毛巾和冰菠萝汁，服务生友好耐心地解答各种问题，Wi-Fi 速度很快。此外，宾馆里的柬式按摩也很值得推荐。

柬埔寨吃住购 • 好好吃 • 舒服住 • 买买买

里斯海相吴哥酒店
Rithy Rine Angkor Hotel

🏠 No.0509 Wat Bo Street，Wat Bo Village，Salakomroek Commune, Siem Reap, Cambodia
☎ 00855-12543475/16550345/63763036
¥ 人民币190元起，不含10%的服务费和10%的酒店税 🌐 www.rithyrineangkorhotel.com

酒店位于暹粒市中心地区，是本市最受欢迎的酒店之一，离市中心仅有0.4千米，可以尽情领略市区内的迷人风景。这家现代化酒店毗邻仙女剧院、坡卡波大街、普里普朗罗斯寺等热门景点，距离酒吧街和暹粒夜市也很近，坐嘟嘟车花费1～1.5美元即可到达。酒店内有花园，还设有室外游泳池、水疗、按摩等娱乐项目及设施。

金色杧果旅馆
Golden Mango Inn

🏠 No. 0658, Road 6, Chongkaosou Village, Slorkram Commune, Siem Reap, Cambodia ☎ 00855-63761857 ¥ 人民币151元起，含10%的增值税、2%的城市税、5%的服务费 🌐 www.goldenmangoinn.com

该酒店坐落在一幢殖民地风格的建筑内，来到这里可以在宁静的花园里享受悠闲午后时光，同时品尝不限量免费咖啡和茶水，酒店内餐厅提供传统的高棉特色菜肴。酒店内还有酒吧。酒店还可以提供免费自行车出租和前往Phsar Chas旧市场的免费单程班车。距离暹粒公交车站有2分钟的车程，距离雄伟的吴哥窟和暹粒机场有15分钟车程。

七支蜡烛家庭旅馆
Seven Candles Guest House

🏠 0307 Wat Bo Road | Sala Kamreouk, Siem Reap 092848695, Cambodia
☎ 00855-63963380 ¥ 人民币151元起，不含10%的服务费和10%的酒店税 🌐 www.sevencandlesguesthouse.com

这个家庭旅馆的房间都非常宽敞，也非常干净，还提供火锅、茶和咖啡。这里的价格也很合理，轻松的氛围让每个人都感觉像是到了家了一样。酒店的周围有许多餐馆，既美味又便宜。

吴哥

吴哥古迹位于柬埔寨暹粒北约5.5千米处，因此游览吴哥，最好住在暹粒，请参阅暹粒住宿内容。

西哈努克市

黄金海景大酒店和赌场
Golden Sea Hotel & Casino

省钱

🏠 Victory Beach, Vithei Krong, Sangkat 3, Sihanoukville 17000, Cambodia
☎ 00855-34937888 ¥ 人民币 195 元起，不含 10% 的服务费和 10% 的酒店税 🌐 www.goldenseahotels.com

这是一家有免费自助早餐，带泳池、赌场的酒店，离胜利海滩很近。入住快捷，房间环境不错，价格也实惠，就是离市中心较远。酒店提供免费接送会很方便，但是自己去的话就不怎么方便，坐嘟嘟车单程至少 5 美元。

金沙滩酒店
Golden Sand Hotel

🏠 Street 23 Tola, Mondol 4, S/K 4, Khan Mittapheap, Sihanouk Ville, Sihanoukville, Cambodia ☎ 00855-34933607 ¥ 人民币 225 元起，不含 10% 的服务费和 10% 的酒店税 🌐 www.goldensandhotel.com.kh

酒店位于奥彻蒂尔海滩和赛兰迪皮提海滩，地理位置优越，客房整洁舒适，距离市中心仅 3 千米的路程，毗邻国家潜水中心、生态迷航之旅、科库特海滩等热门景点和项目。

库拉巴酒店
Coolabah Hotel

🏠 14 Mithona Street, Ochheuteal Beach Road, Sihanoukville SHV1, Cambodia
☎ 00855-17678218 ¥ 人民币 325 元起，不含 10% 的服务费和 10% 的酒店税 🌐 www.coolabah-hotel.com

酒店距离奥彻蒂尔海滩和赛兰迪皮提海滩 300 米，设有室外游泳池、康体 Spa 中心、餐厅、酒吧以及配有免费 Wi-Fi 的客房，同时还提供便利的旅游咨询台和 24 小时前台。为了方便客人，酒店还提供海滩毛巾。酒店距离金边有 3 小时的车程。酒店餐厅供应的海鲜量多美味，十分有名。

奥特里斯秘密花园酒店
The Secret Garden at Otres Beach Hotel

🏠 Otres Beach, Sihanoukville, Cambodia
☎ 00855-976495131 ¥ 人民币 470 元起，不含 10% 的服务费和 10% 的酒店税 🌐 www.secretgardenotres.com

酒店位于欧特斯海滩，可以游览科库特海滩、珍宝海滩、国家潜水中心等经典景点。酒店远离市区，虽然交通不便，但是环境静谧。老板很有趣，在中国生活过，会很认真地向中国顾客请教中文。特别推荐酒店餐厅的咖喱，物美价廉。

索卡海滩度假村
Sokha Beach Resort

🏠 Street 2 Thnou, Sangkat 4, Mittapheap District, Sihanoukville, Cambodia
☎ 00855-34935999 ¥ 人民币 875 元起，不含 10% 的服务费和 10% 的酒店税 🌐 www.sokhahotels.com

西哈努克市是柬埔寨的海边城市，索卡海滩度假村是西哈努克市唯一拥有私人海滩的酒店。索卡海滩在独立海滩的山岬边，不在酒店住的人不能进入索卡海滩。酒店很大，如果住在湖区水屋，每天到主楼用餐需要走 10 分钟，沙质很细，水也很清，人比较少，很私密。

戈公省

戈公湾酒店
Koh Kong Bay Hotel

🏠 Prek Koh Por, Koh Kong, Cambodia
☎ 00855-77555590 💰 人民币 472 元起，不含 10% 的服务费和 10% 的酒店税

酒店位于 Tatai 河的入口处，提供可享受河景、山景或热带花园景致的典雅客房。酒店设有一个室外海水游泳池，可以在餐厅享用新鲜的海鲜、美味的意大利面和自制冰激凌，还可以坐在酒店酒吧一边欣赏日落一边品尝鸡尾酒。

四河流浮动寄宿酒店
Rivers Floating Lodge

🏠 Koh Andet Island, Tatai Village, Koh Kong 09253, Cambodia ☎ 00855-97643403 💰 人民币 1 443 元起，不含 10% 的服务费和 10% 的酒店税

如果你喜欢露营，推荐你来这家酒店。酒店位于曼谷和金边之间的 Tatai，距离戈公市有 20 分钟车程。这个酒店的特色是房间都架在水面上，河流就在门旁，一出门就可以跳进水中游乐。还可以请酒店安排独木舟顺河而下，欣赏日落。

贡布省

贡布钻石酒店 省钱
Kampot Diamond Hotel

🏠 Kampogbay Village, Kampot, Cambodia
☎ 00855-979820999 💰 人民币 175 元起，不含 10% 的服务费和 10% 的酒店税

酒店位置优越，可轻松前往市区内各大热门景点、购物场所、餐饮地点。房间简单干净，小而适中，向窗外望去，街道一览无遗。酒店靠近河边，可以散步。

波哥高原坦苏尔度假村
Thansur Bokor Highland Resort

🏠 Bokor Mountain, Kampot, Cambodia
☎ 00855-336838888 💰 人民币 227 元起，不含 10% 的服务费和 10% 的酒店税

酒店位于波克尔山，地理位置优越，波哥高原坦苏尔度假村是贡布短途游的理想出发点。这里距离市中心仅 12 千米，离机场也不过 90 分钟的路程。波哥山站、达玛雷伊山近在咫尺。

克伦酒店
The Columns Hotel

🏠 37 Phoum 1 Ouksophear, Kampot, Cambodia 💰 人民币 295 元起，不含 10% 的服务费和 10% 的酒店税

酒店离市中心仅有 1 千米，可以尽情领略市区内的迷人风景。带阳台的房间是首选，可以欣赏街景和来往人流。可以租摩托车或是请前台帮助安排当地旅游活动。

纳塔亚圆屋珊瑚湾度假村
Nataya Round House Coral Bay Resort

🏠 03,Prek Ampil, Kampot, Cambodia
☎ 00855-15825061 💰 人民币 550 元起，不含 10% 的服务费和 10% 的酒店税 🌐 www.natayaresort.com

度假村位于普莱克阿姆皮尔区，距离市中心仅有 17 千米，由于靠近达玛雷伊山、波哥山站等景点，这家酒店颇具人气。每个房间都在一幢幢别墅内，而且服务员很贴心。这里的浴缸是露天的。

白马省

白马民宿
Bacoma Guesthouse `省钱`

🏠 Street 33A, Kep 07503, Cambodia
☎ 00855-884112424 ¥ 人民币 50 元起，不含 21% 的酒店税 🌐 www.bacoma.weebly.com

白马民宿位于白马市的 Crab Market，每个房间都是独立的圆锥形小茅屋。从这里可轻松前往市区内各大旅游、购物、餐饮地点。

茉莉花谷度假村
Jasmine Valley Eco-Resort `省钱`

🏠 Jasmine Valley Trail, Kep, Cambodia
☎ 00855-977917635 ¥ 人民币 146 元起，不含 10% 的服务费和 10% 的酒店税 🌐 www.jasminevalley.com

房间布置很豪华，酒店的大部分都处在树林之中，能从房间看到海边的景色，有很多条小道可以通往海滩。白马国家公园的步行道很长，可以去往螃蟹市场，步行约 1 小时，特别推荐酒店餐厅烹饪的美味比萨。

白马里布别墅酒店
Kep Malibu Bungalows

🏠 33 Main Road, Kep ☎ 00855-366900139
¥ 人民币 302 元起，含 10% 的增值税，2% 的城市税，2% 的服务费

这家度假酒店坐落在热带植物和海洋之间，位于白马镇，设有一个室外游泳池，提供客房和带阳台的简易别墅。酒店距离白马海滩仅有 500 米，酒店的客房和简易别墅皆拥有现代化的高棉风格的装潢，并有花园或游泳池。可以免费借用一辆自行车游览周边地区。

雷星赛简易别墅
Raingsey Bungalow

🏠 Kep Mountain Hillside Road, Kep 07503, Cambodia ☎ 00855-366343222
¥ 人民币 363 元起，含 10% 的增值税，2% 的城市税，2% 的服务费 🌐 www.raingsey-bungalow-kep.com

酒店位于白马国家公园中的一个山坡上，设有室外泳池、餐厅和免费无线网络覆盖的空调客房。酒店距离著名的螃蟹市场和大海有短短 5 分钟步行路程。这里距离白马海滩 1 千米，距离兔子岛有 30 分钟船程。

茶胶省

角梯宾馆
Kok Tlork Guesthouse

🏠 National Road 2 Pshatakor Village, Rokar Knong Commune, Dounkeo District, Takeo, Cambodia 💴 人民币 35 元起，不含 21% 的酒店税

宾馆里有一个小花园，房间还算整洁干净，价格实惠。

道恩科奥宾馆
Daunkeo Guesthouse

🏠 Village II, Sangkat Rokarknong, Krong Daunkeo, Takeo, Cambodia ☎ 00855-32210303 💴 人民币 60 元起，不含 21% 的酒店税 🌐 www.daunkeo.com

宾馆位于茶胶市市区，交通方便，干净又便宜，步行没多远就能走到河边，可以租船游访附近的寺庙。

马德望省

皇家大酒店
Royal Hotel

🏠 位于马德望中央市场西侧 ☎ 00855-53953522 💴 人民币 125 元起，不含 10% 的服务费和 10% 的酒店税 🌐 www.asrhotel.com.kh

酒店位于市中心，旁边就是中央市场，由于靠近普萨纳特、BTB 纪念品店、皮帕赫德寺等景点，颇受欢迎。

国王飞翔酒店
King Fy Hotel

🏠 Street 155, #306, Romchek4 Village, Ratanak Commune, Battambang, Cambodia ☎ 00855-77757502 💴 人民币 158 元起，不含 21% 的酒店税 🌐 www.kingfyhotel.com

酒店位于马德望市中心，提供往返购物区的免费班车，还设蒸汽室、热水浴池，有室内水疗护理项目。空调客房还有眺望马德望市或 Sangker 河风景的私人阳台。酒店距离干丹寺和帕查寺只有 450 米，距离省博物馆和马德望火车站不到 1 千米。

精致别墅
Delux Villa

🏠 Phum 20 Uksaphea, Sangkat Svay Pao, Battambang, Cambodia ☎ 00855-77336373 💴 人民币 296 元起，不含 10% 的服务费和 10% 的酒店税 🌐 www.deluxvilla.com

距离酒店 0.1 千米便是市区内最繁华的地段。饭后可以步行去参观莫斯科射击场、殖民建筑和白玫瑰等热门景点。

马德望度假村
Battambang Resort

🏠 Wat Ko Village, Battambang 0000, Cambodia ☎ 00855-12510100 💴 人民币 300 元起，不含 10% 的服务费和 10% 酒店税

酒店距离市中心坐嘟嘟车只需 10 分钟，花费 3 美元。湖景房很注意私密性，酒店拥有大型的游泳池，适合在炎热的午后放松一下。

菩萨省

菩萨省不大，旅馆并不是太多，价位基本上在 5～10 美元，好一点的房间最多也就是 15 美元。

班迭棉吉省
Preah Chan Hotel 省钱
🏠 National Road No.5, Kbalspean Village, Sisophon 💰 人民币 106 元起，含 10% 的增值税，2% 的城市税，5% 的服务费

酒店坐落在 Serei Saophoan 的中心，距离市区公共公园的用餐区有 10 分钟步行路程。提供免费 Wi-Fi、餐厅和享有花园景致的客房。距离 Serei Saophoan 的市场及巴士站有 10 分钟车程。

钻石城赌场大酒店
Grand Diamond City Hotel & Casino

🏠 998F, Group 50, Kbal Spean Village, Poipet Commune, Auchav District, Banteay Meanchey Province, Poipet ☎ 0066-879085322 💰 人民币 339 元起，含 10% 的增值税，2% 的城市税，5% 的服务费

酒店及赌场提供往返位于泰国—柬埔寨边境的柬埔寨移民局的免费班车服务，该地距离酒店有 5 分钟车程。酒店餐厅供应多国美食。距离 Poipet Bus Stop 巴士站有 200 米，距离暹粒有 2 小时 45 分钟车程。

柏威夏省
柏威夏精品酒店
Preah Vihear Boutique Hotel

🏠 Street Oknha Franna, Choum Ksann Dist, Srah Emm, Cambodia ☎ 00855-92615288 💰 人民币 605 元起，含 10% 的增值税，2% 的城市税，5% 的服务费 🌐 www.preahvihearhotel.com

这家酒店结合了柬埔寨建筑风格和现代设计元素，距离 Saem Market 市场只有短短 5 分钟的步行路程，距离世界遗产柏威夏寺有 30 千米。

贡开
贡开没有专门提供给旅行者食宿的住所，所以在来之前最好自备食物。Sayong 村内可以满足简单的住宿要求。

磅同省
松博乡村酒店
Sambor Village Hotel

🏠 Democrat Street, Brochea Theba-tey, Kompong Thom ☎ 00855-17924612 💰 人民币 302 元起，含 10% 的增值税，2% 的城市税，5% 的服务费

酒店装饰成柬埔寨传统建筑风格，从房间可以俯瞰风景秀丽的 Stung Seng 河，距离磅同中心有 600 米，距离 Sambor Preh Kukh 有 40 分钟车程。可以租借自行车前往村庄游览观光，也可以在酒店的花园中悠闲漫步。

磅湛省
Mittapheap Hotel Kampong Cham 省钱

🏠 # 18, Street Kosamaknearyroth, Kampong Cham ☎ 00855-16999879 💰 人民币 91 元起，含 10% 的增值税，2% 的城市税，5% 的服务费

酒店距离著名的湄公河约 10 分钟步行路程。离 Kizuna 大桥 10 分钟车程，而前往 Phnom Bros 和 Phnom Srey Mountain 需要开车 10 千米。

日常旅馆 〔省钱〕
Daly Hotel

🏠 Village 11, Sangkat Kampong Cham, Kampong Cham 💰 人民币 109 元起，含 10% 的增值税，2% 的城市税，5% 的服务费

旅馆位于一幢传统的高棉风格建筑内，距离湄公河只有 3 分钟步行路程。步行 5 分钟可抵达迷人的 Phsar Kampong Cham，而前往 Phnom Bross Phnom Srey 山区度假胜地有 30 分钟巴士车程。

桔井省

银色海豚旅馆及餐厅 〔省钱〕
Silver Dolphin Guesthouse & Restaurant

🏠 #048E0, Street Preah Suramarith, Kratie ☎ 00855-12999810 💰 人民币 42 元起，含 10% 的增值税，2% 的城市税，5% 的服务费

酒店距离 Kratie City 市的公共巴士车站有 200 米，享有周围热带花园和湄公河美景。距离 Kampi Village 村有 16 千米，这里是伊洛瓦底江淡水海豚的栖息地。

Oudom Sambath Hotel & Restaurant 〔省钱〕

🏠 # 439, Riverfront Street, Kratie ☎ 00855-12965944 💰 人民币 133 元起，含 10% 的增值税，2% 的城市税，5% 的服务费

从酒店步行 5 分钟就能到 Samaki Kratie 市场及其汽车站。15 分钟车程到达 Sombuk 山，而距离著名的 Koh Trong 岛需要大约 1 小时的船程。

拉贾博瑞别墅度假酒店
Rajabori Villas Resort

🏠 Phum Kbal Koh, Sangkat Koh Trong, Kratie ☎ 00855-23215651 💰 人民币 454 元起，含 10% 的增值税，2% 的城市税，5% 的服务费

酒店被天然绿色植物环绕，距离 Koh Trong Island 岛仅有 10 分钟的船程。传统的柬埔寨客房提供宁静的休息场所，客房配有木墙板、木地板和俯瞰着花园的大窗户。

腊塔纳基里省

背包客公寓旅馆 〔省钱〕
Backpacker Pad

🏠 Village 5, Labanseak, Banlung, Ratanakiri ☎ 00855-92785259 💰 人民币 30 元起，含 10% 的增值税，2% 的城市税，5% 的服务费

旅馆提供宿舍和私人客房（内设共用或私人浴室）。大多数房间提供热水淋浴设施。旅馆由家庭经营，距离 Kan Seng Lake 湖仅有 3 分钟步行路程，离市中心和公共汽车站有 5 分钟步行路程。

钻石度假村
Ratanak Resort

🏠 Sangkat Yeaklom, Banlung, Ratanakiri ☎ 00855-92244114 💰 人民币 236 元起，含 10% 的增值税，2% 的城市税，5% 的服务费
🌐 www.ratanakresort.com

酒店被热带花园包围，距离雅克隆湖和瀑布仅 5 分钟车程。酒店有一个室外游泳池，还可以使用免费 Wi-Fi。坐在酒店 2 楼，可以俯瞰周边乡村的全景。

Terres Rouges Lodge

🏠 Boeung Kansaign, Banlung, Phnom Yaklom, Ratanakiri ☎ 00855-12845857
💰 人民币 278 元起，含 10% 的增值税，2% 的城市税，5% 的服务费

酒店位于 Kansaing 河沿岸的热带花园里，距离 Banlung Market 市场 1.5 千米，10 分钟车程可抵达雅克隆湖（Yaklom Lake）和 Kachang 瀑布。

蒙多基里省

自然小屋
Nature Lodge

省钱

🏠 Comka Tai Village, Sen Monorom, Cambodia ☎ 00855-12230272 💰 人民币 60 元起，含 10% 的增值税，2% 的城市税，5% 的服务费 🌐 www.naturelodgecambodia.com

酒店提供带私人露台和惬意休息区的舒适客房和独立简易别墅，均可欣赏到周围群山的景色。部分简易别墅拥有两间独立的卧室和一个大浴室。可以前往距离酒店几步之遥的温泉放松身心。酒店还安排以社区为基础的徒步旅行。

玛亚拉山度假酒店
Mayura Hill Hotel & Resort

🏠 National Road No.7, Phum Derm Srol, Sangkat Sen Monorom, Sen Monourom ☎ 00855-17711177 💰 人民币 544 元起，含 10% 的增值税，2% 的城市税，5% 的服务费

酒店位于森莫诺隆，距离蒙多基里省中心 1 千米，能欣赏到蒙多基里高地的独特景致。酒店距离 Bou Sra 瀑布有 45 分钟车程。还可以游览附近的当地山区部落，如 Phnong 村。

买买买 BUY TO BUY

金边

金边有3个集中的购物场所。中央市场是柬埔寨全国最大的综合市场，有很多金银宝石出售；俄罗斯市场的东西比较便宜，但是比较远；河边的金边夜市有很多工艺品商店，东西比较好，但是有点贵。记得在金边购物要善于讨价还价，市场大多于6:30-17:30营业。

中央市场 省钱
Center Market

中央市场又名铁棉市场，位于金边市区的东部，1935—1937年由法国建筑师设计建造，十字形圆顶建筑，从空中俯视就像一台巨型电风扇。建筑内部无梁无柱，四通八达。中央市场内部按区域划分为一个个小摊位，这里是金边最繁华的市场之一。市场内有工艺品、珠宝、旅游纪念品、佛像，还有二手书、明信片、服装、小家电、电脑、日用品，以及水果、花卉、蔬菜等，甚至还有摄影器材和办公家具。其中的小吃区也是体验当地人生活的好地方，就看你敢不敢吃。这里也许是最适合闲逛的市场，但这里也许并不是最适合的购物地，因为价格难以把控。

金边夜市
Night Market

夜市坐落在洞里萨河边，在106街和108街的路口，旺季时每天都有，淡季时一周三次，营业时间为17:00-22:00，主营日用品和旅游纪念品。当地人很多，是晚上消磨时光的好去处。

俄罗斯市场
Russia Market

俄罗斯市场以在20世纪80年代出售俄罗斯商品而得名，其实它准确的名称是"监狱博物馆市场"。这里是购买纪念品和服装最好的地方。这里还云集了各种真假古董，包括能在柬埔寨见到的各种纪念品。由当地成衣工人加工的西方品牌服装在这里非常便宜，而且种类齐全，基本上都是常见的知名品牌。这里的DVD、CD以及计算机软件等产品也很便宜。

省钱小助手

在柬埔寨购物，不管是何种商品，都可以尽情地还价，一般可以砍掉1/3的价格。如果不懂当地语言，当对方举起一只手指头时，可要弄清楚指的是1美元还是1000瑞尔，然后再交易。

暹粒

老市场
Old Market

🏠 Siem Reap, Cambodia 🕐 7:00-19:00

老市场基本上相当于吴哥的商业街了，所有的生活用品和旅游纪念品都可以在老市场买到。这里也是城里最热闹的地方，餐馆、酒吧、精品店鳞次栉比，很是热闹。这里的商品十分丰富，包括木雕、仿吴哥建筑的泥塑工艺品、布织围巾、手绣的真丝披肩、银饰品、筷子、熏香等。同样的东西价格比金边贵，如果准备经金边出境，就不如到金边再采购纪念品。老市场19:00左右就关门，游客可以到附近夜市接着逛。

中心市场
Center Market

🏠 Siem Reap, Cambodia 🕐 7:00-19:00

中心市场里的商品较老市场好一些，市场秩序也比较好，这里除了卖与老市场相似的商品以外，还有老市场没有的香料、花茶、精美的佛像，还有女士喜欢的丝巾和服装，鲜艳的围巾和桌布都做得比较精细，还有颇具民族风情的银器、挂丝巾和衣物用的木雕板，砂岩石雕和皮雕的人像也十分受欢迎。

吴哥夜市 〈省钱〉
Angkor Night Market

🏠 Stung Thmey Village, Sankat Svay Dangkum, Siem Reap 17259, Cambodia 🕐 16:00-24:00

吴哥夜市位于暹粒最繁华的地段，紧邻酒吧街、按摩街，各个摊位基本都是露天的茅草屋形式，很有当地特色。夜市里商品种类繁多，木雕、东南亚风情绘画、柬埔寨皮影等各式各样的当地纪念品应有尽有。此外，夜市还能满足游客的其他各种需求，比如有多家"小鱼足疗"，不妨放松一下。

西哈努克市

西哈努克市的购物虽然没有金边和暹粒的丰富，但是可以选择买一些贝壳工艺品、船模、文化衫等颇具柬埔寨特色的装饰品。

白马省

螃蟹市场 〈省钱〉
Crab Market

白马的螃蟹鲜嫩无比，在柬埔寨非常有名。螃蟹市场是白马唯一能真正称得上是市场的地方，也是人气最旺的地方。其实它就是个海鲜排档，当地人管它叫螃蟹市场。有的本地人买了螃蟹后，直接在市场旁边的空地上生火蒸煮。螃蟹每千克约人民币20元，虾每千克约人民币7元，在餐馆里点海鲜价格自然贵了许多。

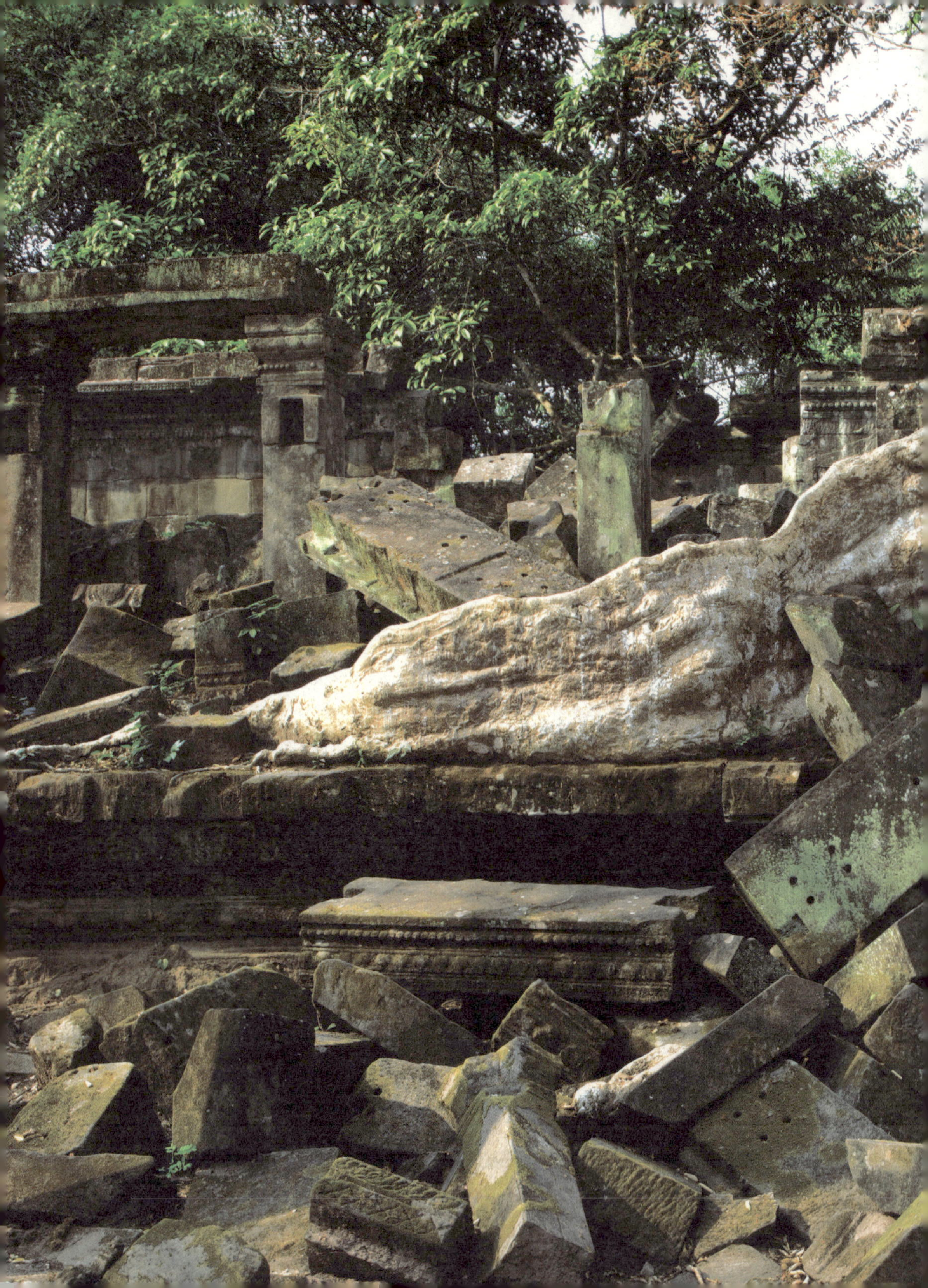

你应该知道的柬埔寨

柬埔寨基本信息全知道!

你应该知道的柬埔寨

基本信息

国家名称： 柬埔寨王国（Kingdom of Cambodia）
国土面积： 181 035 平方千米
首都： 金边（Phnom Penh）
政体： 君主立宪制
货币： 瑞尔 KHR
语言： 高棉语为通用语言，与英语、法语同为官方语言

地理

柬埔寨位于中南半岛南部，东部和东南部同越南接壤，北部与老挝相邻，西部和西北部与泰国毗邻，西南濒临暹罗湾。湄公河自北向南横贯全境。海岸线长约460千米，主要岛屿43个，其中最大的为戈公岛。西哈努克港（磅逊港）为柬埔寨最大海港，是柬埔寨对外航运中心。

地形

柬埔寨地形三面高，中间低，向东南开口。地图上的柬埔寨形如一只"玉兔"。东、北、西三面被高原、山地环绕，中部为湄公河及其支流的冲积平原。高原、山地和平原分别占国土面积的29％、25％、46％。高原、山地为柬埔寨森林的主要分布地区，中部平原土地肥沃，人口稠密，物产丰富，是柬埔寨主要农业区。

河流

柬埔寨境内的河流众多，大体上可以分为三大水系，其一是湄公河及其支流，其二是洞里萨河及其支流，其三是流入暹罗湾的河流。湄公河自北向南流经中国、缅甸、老挝、泰国、柬埔寨、越南，注入南海，在柬埔寨境内长500千米，为柬埔寨境内最大的河流，也是东南亚著名的国际河流。洞里萨湖是中南半岛第一大湖，也是东南亚地区最大的淡水湖。

气候

柬埔寨地处低纬度地区，属热带季风气候，年平均气温为24℃，相对湿度高达90%。每年11月至次年4月是柬埔寨的冬季，吹较凉的东北季风，平均气温为25～32℃。根据地区的不同，降水量分布不均。金边的年降水量为140毫米，其西南沿海山区是亚洲最多雨的地区之一。

历史

柬埔寨是个历史悠久的文明古国，据史料记载，柬埔寨有2 000年以上的历史。从1世纪开始立国，先后经历了扶南王国、真腊王国时期。

扶南王国（1世纪—约630年）

1世纪，柬埔寨原始公社制趋于解体，形成了部落国家，当时名为扶南。3世纪时，扶南成为统治中南半岛南部的一个强盛国家，即扶南王国。5世纪，扶南国势达到极盛，势力范围南到湄公河下游，北达泰国，西至缅甸，附近很多国家都臣服于扶南。

扶南王国和中国早有使节往来。1世纪末，扶南王国的第一位国王混填便派遣使者向中国赠送了生犀和白雉。

225—243年，扶南三次遣使贡奉我国东吴。作为回应，孙权派遣朱应和康泰于244—251年作为专使访问扶南，回国后著有《扶南异物志》和《吴时外国传》。

南朝时期，在建康设"扶南馆"，请扶南僧人翻译佛教经典。5世纪末到6世纪初因统治者内部纷争，扶南开始衰落，于7世纪初被其北方兴起的真腊所兼并。

真腊王国（约630—1431年）

真腊原为扶南的属国之一，在扶南北方，国王刹利氏。7世纪末，真腊国王刹利·质多斯那合并了扶南全部领土，建立真腊王国，或者称为高棉王国，建都伊赏那补罗城。

真腊王国存在9个多世纪，共分为3个时期：早期真腊、吴哥王朝和晚期真腊。

唐神龙年间（705—707年）真腊国分裂为北方的陆真腊（又名文单国）和南方的水真腊；水真腊建都婆罗提拔，陆真腊国都在今老挝境内。

9世纪初，水陆二真腊又归于统一。802年，真腊迁都吴哥，故又称为吴哥王朝。

12、13世纪，吴哥王朝达到极盛，领土包括整个中南半岛中部，东边到海，西接缅甸，南达马来半岛中部，北部包括老挝和泰国的大部分，是当时东南亚最强大的国家之一。这个时期是真腊历史上的极盛时期，创造了举世闻名的吴哥文明。

13世纪中叶，北部的暹罗（今泰国）逐渐强盛起来，不断进攻吴哥王朝，并于1431年攻陷吴哥。1434年，吴哥王朝迁都金边。

16世纪末，真腊改称柬埔寨。从此至19世纪中叶，在人民起义和外国入侵的打击下，柬埔寨处于完全衰落时期，先后成了强邻暹罗和越南的属国。

17世纪末，越南占领了西贡一带地区，之后又吞并了全部湄公河三角洲，形成了如今越南的南方，柬埔寨的领土只剩下金边湖周围地区。至18世纪末，柬埔寨剩余的领地基本上处于暹罗的控制下，成为暹罗的属国。

民族与宗教

民族

柬埔寨有20多个民族，高棉族是主体民族，占总人口的80%，少数民族有占族、普农族、老族、泰族、斯丁族等。

佛教为国教，93%以上的居民信奉佛教，高棉族人绝大部分笃信佛教。占族信奉伊斯兰教，少数城市居民信奉天主教。华人、华侨约70万。

宗教

佛教

佛教传入柬埔寨的时间与婆罗门教传入时间大致相同。当时在人民中传播开来的首先是大乘佛教。柬埔寨男性佛教徒，上至国王，下至平民，一生中都要出家剃度当一次和尚，少则数日，多可终生为僧。社会将出家当和尚当作一件大喜事。剃度是判断人品的重要标准，剃度当过和尚的人，还俗之后在求婚、就业等方面都有优势。柬埔寨寺院历来既是宗教活动的中心，又是文化艺术的中心。僧侣们向人们传播佛教思想，也负责教儿童识字和学文化，还会宣传卫生常识，为此僧侣备受敬重。

婆罗门教

1世纪，婆罗门教传入柬埔寨。9世纪后，柬埔寨最高统治者把对婆罗门教的信仰和帝王崇拜结合起来，创立了一种"王权神授"的神王思想，婆罗门教进入全盛时期。到14世纪后婆罗门教走向衰落。但至今它仍在柬埔寨现实生活中留有痕迹。国王登基仪式由婆罗门高僧（尊称国师）主持，象征王权的王冠、宝剑、罗伞、金鞋等也由国师保管。

泛神教

在高棉人被印度化之前，泛神教就已经存在了，而印度教和佛教都是从外邦逐渐传入柬埔寨的。本土信仰并不会轻易消亡，它融入到新的宗教当中，使其具有柬埔寨的特色。

伊斯兰教

柬埔寨的穆斯林是占族的后裔。1471年，占婆王国被越南彻底击败。之后占族人从现在的越南中部移居到柬埔寨。与附近的佛教徒一样，占族穆斯林以击鼓的方式召集信徒祈祷，而不是像其他多数穆斯林那样靠宣礼员召集信徒。

文化与艺术

建筑

9世纪到14世纪的吴哥王朝时期，柬埔寨的建筑达到高峰。吴哥窟和吴哥王城的建筑，就是这一时期的巅峰之作。

柬埔寨乡间的建筑房屋通常建在高高的木桩上，以棕榈叶覆盖屋顶，用篾条编织的席子做地板。房子下面用来储藏杂物，或供人们乘凉、休息。

由于受法国文化的影响深远，柬埔寨的别墅和一些政府建筑保留着法式风格，尤其是在金边。不过尽管柬埔寨出现了新殖民地风格的建筑，但多数建筑还是受到来自泰国和中国的建筑风格的影响。

雕塑

在前吴哥时期的扶南和真腊时代，柬埔寨的雕塑水平已达到相当高的水平。现在保存下来最早的雕塑是公元前6世纪的，多数是四臂或八臂毗湿奴像。吴哥王朝早期，高棉人已能建造独立的雕塑作品。10世纪末的女王宫被认为是东南亚艺术发展的巅峰。11世纪的巴芳寺也是受到了女王宫雕塑风格的启发，其中的一些代表作品一直保存到了现在。

吴哥时期的雕塑给人一种保守的印象，失去了早期作品中的优雅。这一时期艺术家们的才华更多地体现在吴哥窟的建筑和浮雕上。

吴哥窟是艺术的杰作。据说，全部吴哥窟的浮雕、塑像超过18 000幅（尊），堪称人间珍宝。吴哥窟的浮雕极其精致，且富有真实感，是高棉王朝时代艺术的精华。寺庙回廊的内壁及廊柱、石墙、基石、窗楣、栏杆之上都有浮雕。这些浮雕的内容都以王室和宗教为题材，有关于印度教大神毗湿奴的传说，也有战争、舞蹈、皇家出行、烹饪、工艺、农业活动等世俗情景。装饰图案则以动植物为主题，也有显示阇耶跋摩二世在世时的情景，有的表现了他检阅士兵和接受晋见的场面，有的是武士乘着战车或骑着大象作战的情景，也有扬帆出海的舰队、军队和旗帜招展的凯旋场面。在几百米长的墙壁上，还有200多尊上身裸露、颈戴珠串的舞蹈者浮雕雕像。这些浮雕手法娴熟、场面复杂、人物姿态生动、形象逼真，当时已采用重叠的层次来显示深远的空间，表现了高棉能工巧匠的卓越艺术才能。吴哥雕塑艺术的最后一个高峰出现在12世纪末到13世纪初的巴戎寺时期。

随着旅游开发，柬埔寨的雕塑在旅游市场占有重要地位，在金边和暹粒都能看到吴哥时期著名雕塑的复制品。

文学

吴哥王朝（802—1431年）是柬埔寨文化繁荣时期，那时的柬埔寨文学主要是以印度史诗和佛本生故事为题材的宗教文学，根据印度的史诗《罗摩衍那》改写的《罗摩的故事》，其中加上了本国的神话传说，成为具有本民族特色的文学作品。但是该书的作者和创作年代均无从查考，现有的版本也残缺不全，只剩下第1～10册和第75～80册。此外，吴哥时期许多诗人还喜欢把自己的诗作刻在石碑上，这就形成了柬埔寨的石碑文学。

1431年吴哥王朝时期宣告结束后，在战乱中许多文献典籍遭到破坏，这个时期的柬埔寨文学中最具价值的是民间文学。许多民间故事的主人公多为普通百姓，敢于反抗封建压迫。其中最具代表性的是《特明吉的故事》和《阿勒沃的故事》，书中歌颂了普通农民特明吉和阿勒沃的机智和勇敢，使他们成为历代传颂的传奇人物。同期与民间文学并存的，当时还有宫廷文学，作品或颂扬国王，或宣扬轮回思想等。

1863年柬埔寨沦为法国殖民地，促使柬埔寨文学起了新的变化。最著名的是现代小说的出现，著名作家林根（1911—1959年）的代表作《苏帕特》和著名作家涅·泰姆（1903—?）的作品《拜林玫瑰》都是当时颇具有代表性的作品。而叙事诗《冬貂》的整理出版，代表了柬埔寨诗歌方面的成就，它基本上摆脱了古诗惯用的梵文和巴利文等冷僻语言，采用大众化的语言，生动地塑造了鲜明的人物形象，从而受到读者的认可和欢迎。

戏剧

柬埔寨戏剧大约产生在10世纪吴哥王朝初期。著名的古典戏剧《林恰的故事》受印度史诗《罗摩衍那》的影响，人物及故事情节的安排和语言的运用融合了高棉民族的传统文化。此外，广为流传的剧目还有歌颂15世纪柬埔寨一对青年男女的纯真爱情，揭露封建婚姻罪恶的《东姆和狄欧》，以及反映人民大众对封建压迫、专制的反抗的《特明吉的故事》和《阿勒沃的故事》。

吴哥时期的国王阇耶跋摩七世（1125—1215年）的第二个妻子因陀罗戴维是一位博学多才的公主，她亲自创建剧团，推动了柬埔寨戏剧的发展和推广。古典题材的戏剧代表作有《神绶带》《海螺》《真那翁》等。不过故事内容大同小异，故事结局总是把国王比作菩萨，战胜妖魔。

柬埔寨的古典戏剧根据表演形式、伴奏乐器和服装道具的不同分为3大剧种：以对白和演唱为主，配以简单动作的巴萨剧；逢年过节或农闲的时候演出的民间戏剧——依该剧；原为宫廷舞剧，现以表演神仙鬼怪等佛经故事为题材的舞剧；此外还有一种戴面具，均由男性出演的滑稽剧。

20世纪70年代和80年代，柬埔寨话剧出现了现代话剧形式，代表作有《母亲们的牺牲》《送子参军》等，反映了柬埔寨人民救国斗争的现实生活，成为民族解放斗争的有力武器。

舞蹈

去过吴哥的人，无不对其雄伟壮观的建筑艺术赞叹不已，对巴戎寺、吴哥窟和女王宫的大型浮雕留下深刻的印象。而那些随处可见的仙女阿卜萨拉的艺术形象更是令人难以忘怀，仙女浮雕像体态优雅，舞姿翩翩，美丽动人，栩栩如生。她们的艺术造型一直保存在柬埔寨传统的舞蹈艺术中，千百年来深受人民的喜爱，艺术魅力经久不衰。

柬埔寨舞蹈分为两大类，即古典舞蹈和民间舞蹈。

古典舞蹈亦称宫廷舞蹈。柬埔寨在历史上深受婆罗门教与佛教的影响，因而，它的古典舞蹈也带有浓厚的宗教色彩。古典舞蹈有两大特点。第一个特点是象征性。古典舞蹈舞姿典雅，动作优美，静中有动，动中寓静，静动自如，宽舒洒脱。通过每一个带有明确象征意义的姿势，用类似祈祷般的安静、平缓的节奏表达人物的痛苦、喜悦、愤怒、疑惑等各种复杂的内心活动。第二个特点是用歌唱来说明剧情的发展。在民族乐队伴奏下，歌唱演员随着舞蹈演员臂膀、手、脚的各种动作，用歌词来解释舞蹈的含义和显示舞蹈的不同进程。

古典舞蹈的节目很多，主要有《祝福舞》《百花园中的仙女舞》《神仙欢乐舞》《扇舞》《蝴蝶舞》《剑舞》《海龙舞》及舞剧《罗摩衍那》《裴拉沙恩传奇》《雷木·爱索与莫尼·麦卡拉舞》《伯雷阿·金纳凤的神话》《黑猴与白猴的战斗》等。

柬埔寨的民间舞有着浓厚的民族色彩，它来源于民间，深受人民喜爱。各地区、民族都有自己独特风格的民间舞蹈。南旺舞是柬埔寨流传最广的舞蹈。它起源于柬埔寨古典舞蹈，其动作也多采用古典舞蹈的姿势，主要表现在手指、手腕和臂膀上，动作柔软优美。在正式跳南旺舞时，场地中央摆放一张小桌，上面放一个花瓶，内插鲜花。跳舞的人围着桌子转圈跳。首先由举办舞会的男主人开始跳舞，跳完一圈后，他点头招呼男舞伴一起跳。他们跳完一圈后，走到女舞伴面前停下来，点头或双手合十，邀请她们一起跳舞。女舞伴也合十还礼，表示接受邀请。男女对跳时，女的在前面跳，男的在女的后面或左右侧跳。转几圈后，旋律越来越快，把欢乐的气氛推向高潮。当鼓手连续击鼓时，男女舞伴同时停止跳舞，对面站定，双手合十，表示告别。此外，柬埔寨的民间舞蹈还有伊给舞、野牛角舞、孔雀舞、木杵舞、弓舞、椰壳舞、采绳舞、德洛舞、甘代莱舞等。

电影

20世纪60年代是柬埔寨电影的黄金时代，拍摄了不少故事片，当时金边也有20家左右条件相当好的电影院。其中，柬埔寨国王诺罗敦·西哈努克（Norodom Sihanouk）酷爱拍摄电影，由他自编自导的《吴哥的阴影》

（1968年）、《人民的小王子》（1967年）等影片，都曾经在国际电影节上获奖。

20世纪70年代起柬埔寨陷入长期战乱，电影业逐渐衰落。1975—1988年，柬埔寨只出了一部电影，之后完全沉寂，金边所有的电影院关门。一直到《蟒蛇之子》（1989年）上映，才又重现生机。

此外，柬埔寨影片《残缺影像》获得了2013年第66届法国戛纳国际电影节"一种关注"单元最佳影片奖，并同时获得了2014年第86届奥斯卡最佳外语片奖的提名。

除了柬埔寨本国拍摄的电影，最值得一提的是影片《古墓丽影》（2001年），因为在吴哥塔布隆寺取景，这座本是吴哥最破败之一的寺庙，变成了人们耳熟能详的旅游胜地。

《吴哥的阴影》（Ombre Sur Angkor）

这是一部西哈努克亲王亲自执导并担纲主角的影片，故事中的部分情节也取自他真实的经历。

影片讲述了柬埔寨亲王担任反间谍工作的故事。片中他与某国新任驻东国女大使相识并互相爱慕。不料使馆的费尔南德是美中央情报局成员，他暗中勾结东国山阴将军，阴谋发动政变，从而颠覆柬政权，扶植山阴上台。亲王与对手斗智斗勇，充分展现了他过人的政治能力，一举挫败了敌人的阴谋，将这些颠覆分子一网打尽，这时，女大使也即将离任，亲王依依不舍与她告别。

《蟒蛇之子》（Pos Keng Kong）

影片改编自1959年出版的《柬埔寨民间故事集》，讲述了蛇王与一名女子的恋情。由导演法桑昂执导，3位柬埔寨超级明星和泰国著名男星威纳格拉布林联袂主演。

该片作为柬埔寨的第一部自制电影，在泰国也引起轰动。电影于1989年蛇年在柬埔寨首都金边上映，尽管2美元一张的票价令柬埔寨民众咋舌，但仍然无法阻挡观影的人潮。《蟒蛇之子》使沉寂多年的柬埔寨电影事业开始复苏。

《古墓丽影》（Lara Croft: Tomb Raider）

影片根据风靡世界的电脑游戏《古墓丽影》改编。《古墓丽影》系列的大受欢迎使得劳拉·克劳福特不再只是一个游戏角色，而成了主流公众人物。电影版劳拉由曾荣获奥斯卡金像奖的女演员安吉丽娜·朱莉出演。影片有4段动作戏，其中对场景利用最出彩的正是柬埔寨吴哥那一场。

《残缺影像》（The Missing Picture）

这是一部动画影片，以一张柬埔寨红色高棉时期拍摄的照片为背景，由柬埔寨导演潘礼德执导。片中的这张照片作为象征，令人思考、反思及还原历史真相。导演通过寻找那一段失去的影像和历史，悟出了更深刻的人生意义。

风俗

柬埔寨有一种古老有趣的风俗，用服装色彩表示日期，有"七彩星期"之说：星期一穿嫩黄色，星期二穿紫色，星期三穿绿色，星期四穿灰色或浅蓝色，星期五穿青色，星期六穿黑色，星期天穿红色。

宗教习俗

柬埔寨人十分虔诚地信奉佛教，不仅僧侣神圣不可侵犯，而且不允许他人对他们的宗教习俗说三道四，否则会被认为"罪孽深重"。在旅游期间，如到当地人家中做客，切忌把鞋子带入门内。农村的房屋多为高脚式竹木结构，地板离地面约2米，用扶梯上下。客人上梯前应先将鞋脱掉放在梯下，否则是不礼貌的。

其他禁忌

柬埔寨人认为黄牛和水牛都是受到神灵守护的动物，一旦伤害它们，便会受到生病的报应。

一家人如同住一间寝室，孩子们睡的地方不能高于父母的床铺。他们忌讳把裤子悬挂在别人的头上方。

星期六是鬼魂妖魔喜欢的日子，是不吉利的，在这一天办事或外出均要小心。

服饰

柬埔寨人民衣着多简朴而单薄。那里传统服装是纱笼，那也是柬埔寨人的传统便服。筒裙用丝绸、方格布或印花布制成，将布料缝成筒形，穿时将纱笼筒叠成两层。柬埔寨人必备之物是水布，它可以当围巾，也可以缠在头上或系在腰间当汗布，也可作为礼物送给贵宾。柬埔寨人一般穿拖鞋，不戴帽子。

美食

柬埔寨的美食有点接近于泰国菜，不过不像泰国菜那样有强烈的酸辣味，而是比较甜。柬埔寨人以大米为主食，以鱼虾为主要副食，喜欢吃富有刺激性味道的蔬菜，如生辣椒、葱、姜等，还喜食生菜、生肉和腌鱼酱。高棉菜不如泰国菜和越南菜有名，但是高棉菜平衡了酸甜苦辣咸，口味适中，同时保留了东南亚菜系的特点，健康低脂，并混合了当地特色香料，极具异国风情。现代的柬埔寨人饮食方式有很大变化，他们也喜爱中国菜、越南菜和西式菜。他们普遍喜欢饮酒，吃饭时席地而坐，用右手抓食。

阿莫克（WAmok）

阿莫克是最受欢迎的传统高棉美食之一，几乎在每个柬埔寨菜餐馆都可以吃到。将鱼、鸡肉或者牛肉裹在香蕉叶中烘烤，再加入椰汁、椰浆、柠檬叶及当地蔬菜和各种香料一起烹制，最后盛在椰子壳中，香味浓郁，口感极佳。

柬式火锅（Cambodia BBQ）

传统的柬式火锅使用陶瓷锅，汤底有香料和药材，口感清甜，越煮味道就越鲜。柬式火锅类似我国的小火锅，但味道却有大不同。备有 小锅汤、 盘牛肉、 盘鲜菜、一盘透明的小圆饼、一碟蘸料。烧炭的锅中间突起一块烤盘，所以在涮肉的同时可以烧烤，上面烤肉时，肉的汤汁会流到锅里，非常有意思。

柬式酸汤（Khmer Sour Soup）

柬埔寨酸汤味道较重，但在炎热的东南亚，酸汤对解暑有很大益处。柬式酸汤的主料有很多，选用牛肉、猪肉、鸡肉、鱼肉均可。同时放进各种素菜混着煮，比较常见的有空心菜、莲茎、冬瓜、酸菜、柠檬叶等。当然柠檬汁、鱼露、醋辣椒等配料必不可少。

普拉霍克椰蓉鱼酱

这种食物用椰蓉和鸡蛋制成，食用时还配有新鲜蔬菜。

米粉香汤

这是一种特色汤。主料是高棉米粉，其特点是长、细、白，汤内还有蔬菜和压烂的小柠檬，味道特别。

鱼酱牛肉

将牛肉煮熟，切成小薄片，浸在鱼酱里，食用时佐以新鲜蔬菜。

椰子汤

这是一种传统汤，内有什锦蔬菜和捣碎的米，可选择是否加肉。

咖喱汤

咖喱汤中有土豆、洋葱、巴旦杏、香料，可选择是否加肉。

酱汁炒牛肉（Beef Lok Lak）

将炒好的牛肉配上柬埔寨特有的烤肉酱，配有白饭和炒蛋。

柬式三明治（Baguette）

柬埔寨受法国影响很深，路边卖法棍面包的小摊随处可见，这种法棍三明治外皮酥脆口感松软，价格实惠量又足，在当地大受欢迎。但是柬式法棍并不是单纯的法国面包，而是在法棍中间涂上肉酱、黄油，然后塞进几片肉片、腌黄瓜、腌木瓜、萝卜丝、大葱，最后淋上一层番茄酱，就成了法棍三明治了。

吴哥啤酒（Angkor Beer）

吴哥牌啤酒是柬埔寨著名的国产啤酒品牌，吴哥啤酒产量巨大，深受游客欢迎，在大多数餐厅和酒吧都能买到，一般一瓶为660ml，售价合人民币 6～10 元。

特产

柬埔寨的特产以银器、纺织、木雕和石刻品著称，也出产红宝石。柬埔寨吴哥窟的相关艺术品，也许是国外旅行者心目中最具代表性的纪念品。在市场中，有描绘吴哥窟的版画以及吴哥窟壁上女神雕像的仿制品等。另外也有贩卖柬埔寨传统舞蹈配乐的录音卡带。

克罗马

对民族服装有兴趣的人，可以购买克罗马（Krama）。克罗马是做腰带及帽子的布，有棉质的也有绢质的。

食品

棕糖是柬埔寨最富有特色的特产。此外，柬埔寨还盛产榴梿、山竹、红毛丹、番石榴、波罗蜜、香蕉、柑橘、杧果、菠萝等热带水果。

木雕

在柬埔寨购买木雕时，要注意木头的质量，是否有裂纹。名贵树种有黑檀、紫檀和铁木。价钱与其大小、木质、工艺有关，上好的四面佛木雕挂件每个25美元左右。

银器（杂银）

因其大小及工艺不同而价格有异。

红宝石

在盛产红宝石的柬埔寨，采用红宝石制作的各种工艺品及饰品，不仅质量上乘，而且价格实惠，不过在购买时应特别注意色泽和质地，谨防上当。

重要节日

独立节： 11月9日
国王诞辰： 5月14日（全国庆祝3天）
佛历新年： 4月13日至15日
御耕节： 佛历六月下弦初四，由国王或其代表在毗邻王宫的王家田举行象征性耕种仪式，祈祷来年风调雨顺，五谷丰登
送水节（也称龙舟节）： 11月13日至15日，是柬埔寨民族传统节日。时值雨季结束进入旱季，来自全国各地的代表队在王宫前洞里萨河上举行龙舟比赛，表达对洞里萨河、湄公河养育之恩的感谢

相关网站

柬埔寨官方旅游网站（英文）：www.tourismcambodia.org
柬埔寨电子签证申请官方网站（中英文）：evisa.mfaic.gov.kh
柬埔寨王国驻上海总领事馆唯一指定网站（中文）：www.jpz001.com
缤客：www.booking.com
雅高达：www.agoda.com

紧急电话

中国驻柬埔寨大使馆
No.156, Blvd Mao Tsetung, Phnom Penh, Cambodia
00855-12810928/12901923
http://kh.chineseembassy.org

救护车： 119
救火： 118
警察： 117
国家代码： 855
国际接入代码 001 或 007
金边地区代码 023
暹粒地区代码 063
西哈努克市地区代码 034

柬埔寨旅游局
00855-23213911

柬埔寨航空公司金边售票处
00855-23428891/92/93/94

港龙航空公司金边办事处
00855-23217665/217652

本图书是由北京出版集团有限责任公司依据与京版梅尔杜蒙（北京）文化传媒有限公司协议授权出版。

This book is published by Beijing Publishing Group Co. Ltd. (BPG) under the arrangement with BPG MAIRDUMONT Media Ltd. (BPG MD).

京版梅尔杜蒙（北京）文化传媒有限公司是由中方出版单位北京出版集团有限责任公司与德方出版单位梅尔杜蒙国际控股有限公司共同设立的中外合资公司。公司致力于成为最好的旅游内容提供者，在中国市场开展了图书出版、数字信息服务和线下服务三大业务。

BPG MD is a joint venture established by Chinese publisher BPG and German publisher MAIRDUMONT GmbH & Co. KG. The company aims to be the best travel content provider in China and creates book publications, digital information and offline services for the Chinese market.

北京出版集团有限责任公司是北京市属最大的综合性出版机构，前身为1948年成立的北平大众书店。经过数十年的发展，北京出版集团现已发展成为拥有多家专业出版社、杂志社和十余家子公司的大型国有文化企业。

Beijing Publishing Group Co. Ltd. is the largest municipal publishing house in Beijing, established in 1948, formerly known as Beijing Public Bookstore. After decades of development, BPG has now developed a number of book and magazine publishing houses and holds more than 10 subsidiaries of state-owned cultural enterprises.

德国梅尔杜蒙国际控股有限公司成立于1948年，致力于旅游信息服务业。这一家族式出版企业始终坚持关注新世界及文化的发现和探索。作为欧洲旅游信息服务的市场领导者，梅尔杜蒙公司提供丰富的旅游指南、地图、旅游门户网站、APP应用程序以及其他相关旅游服务；拥有Marco Polo、DUMONT、Baedeker等诸多市场领先的旅游信息品牌。

MAIRDUMONT GmbH & Co. KG was founded in 1948 in Germany with the passion for travelling. Discovering the world and exploring new countries and cultures has since been the focus of the still family owned publishing group. As the market leader in Europe for travel information it offers a large portfolio of travel guides, maps, travel and mobility portals, apps as well as other touristic services. It's market leading travel information brands include Marco Polo, DUMONT, and Baedeker.

DUMONT 是德国科隆梅尔杜蒙国际控股有限公司所有的注册商标。
DUMONT is the registered trademark of Mediengruppe DuMont Schauberg, Cologne, Germany.

杜蒙·阅途 是京版梅尔杜蒙（北京）文化传媒有限公司所有的注册商标。
杜蒙·阅途 is the registered trademarks of BPG MAIRDUMONT Media Ltd. (Beijing).

CAMBODIA NOTES

写下你的柬埔寨感受